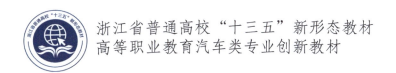

浙江省普通高校"十三五"新形态教材
高等职业教育汽车类专业创新教材

汽车发动机电控系统结构原理与检修

（彩色版配实训工单）

主　编　李先伟　吴荣辉
副主编　顾小冬　张习泉　王　新

机械工业出版社
CHINA MACHINE PRESS

本书以主流车型为例，全面、系统地介绍了汽车发动机电控系统的结构组成、工作原理以及故障诊断与排除的知识和技能，包括汽油机电控系统、电控柴油机燃油供给系统、电控发动机传感器的结构原理与检修，以及电控发动机的故障诊断与排除。

本书有很强的实用性和可读性，涵盖内容广泛，思路表达清晰。本书配套了课件PPT、实训工单及可以通过扫描二维码观看的视频等丰富的资源以供参考和使用。

本书已入选2020年浙江省普通高校"十三五"新形态教材建设项目。

本书适合职业院校汽车检测与维修等相关专业学生使用，也适合其他汽车专业方向学生学习，同时还可供在职的汽车售后服务顾问、维修技师、保险理赔员以及其他汽车行业工程技术人员阅读参考。

图书在版编目（CIP）数据

汽车发动机电控系统结构原理与检修：彩色版配实训工单 / 李先伟，吴荣辉主编. — 北京：机械工业出版社，2022.7（2024.4重印）
高等职业教育汽车类专业创新教材
ISBN 978-7-111-71166-7

Ⅰ.①汽… Ⅱ.①李… ②吴… Ⅲ.①汽车-发动机-电子系统-控制系统-检修-高等职业教育-教材
Ⅳ.①U472.43

中国版本图书馆CIP数据核字（2022）第120012号

机械工业出版社（北京市百万庄大街22号 邮政编码100037）
策划编辑：齐福江　　　　　责任编辑：齐福江
责任校对：张晓蓉　王明欣　　封面设计：张　静
责任印制：刘　媛
涿州市般润文化传播有限公司印刷
2024年4月第1版第2次印刷
184mm×260mm·17印张·450千字
标准书号：ISBN 978-7-111-71166-7
定价：59.00元

电话服务　　　　　　　　　网络服务
客服电话：010-88361066　　机　工　官　网：www.cmpbook.com
　　　　　010-88379833　　机　工　官　博：weibo.com/cmp1952
　　　　　010-68326294　　金　书　网：www.golden-book.com
封底无防伪标均为盗版　　　机工教育服务网：www.cmpedu.com

前言

"汽车发动机电控系统结构原理与检修"是职业教育汽车类专业群的主干课程之一。在汽车类专业人才培养计划中,掌握汽车发动机电控系统的结构、原理及检测维修技术是对汽车类专业毕业生的基本要求。"汽车发动机电控系统结构原理与检修"课程在汽车类专业人才培养计划中具有举足轻重的地位,课程质量的高低直接影响人才培养的质量。因此,我们组织教学一线的教师、行业专家和实践型技能人才,共同编写这本《汽车发动机电控系统结构原理与检修(彩色版配实训工单)》,供职业教育汽车相关专业师生选择使用。

本书包括四个项目。项目一介绍汽油机电控系统结构原理与检修,内容为汽油机电控系统结构认知,以及燃油供给系统、空气供给系统、点火控制系统、排放控制系统的结构原理与检修。项目二介绍电控柴油机燃油供给系统结构原理与检修,内容为电控柴油机燃油供给系统结构认知,以及电控柴油机燃油供给系统检修。项目三介绍电控发动机传感器结构原理与检修,内容为空气流量传感器、进气歧管绝对压力传感器、节气门/加速踏板位置传感器、曲轴/凸轮轴位置传感器、温度传感器、氧传感器、爆燃传感器的结构原理与检修。项目四介绍电控发动机故障诊断与排除,内容为自诊断系统认知与诊断仪器使用,以及发动机电子控制单元、电控发动机典型故障码故障诊断与排除。

本书有很强的实用性和可读性,涵盖内容广泛,思路表达清晰,适合职业院校汽车检测与维修等相关专业学生使用,也适合其他汽车专业方向学生学习,同时还可供在职的汽车售后服务顾问、维修技师、保险理赔员以及其他汽车行业工程技术人员阅读参考。

本书已入选2020年浙江省普通高校"十三五"新形态教材建设项目,并在"浙江省高校教材建设网"公示。

本书由台州职业技术学院李先伟(编写项目一、项目三的任务一~任务五以及拍摄制作视频资源)、汽车行业专家吴荣辉(全书内容规划及资源整合)任主编,苏州工业园区工业技术学校顾小冬(编写项目二)、成都工业职业技术学院张习泉(编写项目四)、内蒙古农业大学职业技术学院王新(编写项目三的任务六、任务七)任副主编,参编人员有重庆经贸职业技术学院金朝昆(编写项目一的实训工单)、珠海笛威汽车科技公司丁建方(编写项目二的实训工单)、珠海笛威汽车科技公司江接根(编写项目三的实训工单)、汽车行业专家唐毅(编写项目四的实训工单)。在本书编写过程中,参考了大量国内外相关著作、汽车厂家的培训课件及其他文献资料,在此一并向有关作者及汽车厂家表示最真诚的感谢。限于编者的水平,书中难免存在不当之处,敬请广大读者批评指正。

编　者

二维码索引

素材名称	二维码	页码	素材名称	二维码	页码
电动燃油泵的检测		P024	加速踏板位置传感器检测		P127
点火波形及跳火试验		P061	曲轴位置传感器的检测		P134
点火线圈检测		P062	凸轮轴位置传感器的检测		P135
活性炭罐就车检测		P079	冷却液温度传感器检测		P139
活性炭罐电磁阀阀体检测		P079	氧传感器的检测 F		P148
进气歧管压力传感器的检测		P119	爆燃传感器的检测		P154
节气门位置传感器的检测		P125			

目录

前言
二维码索引

项目一
汽油机电控系统结构原理与检修 / 001
任务一　汽油机电控系统结构认知 / 001
任务二　燃油供给系统结构原理与检修 / 009
任务三　空气供给系统结构原理与检修 / 028
任务四　点火控制系统结构原理与检修 / 052
任务五　排放控制系统结构原理与检修 / 063

项目二
电控柴油机燃油供给系统结构原理与检修 / 087
任务一　电控柴油机燃油供给系统结构认知 / 087
任务二　电控柴油机燃油供给系统检修 / 100

项目三
电控发动机传感器结构原理与检修 / 112
任务一　空气流量传感器结构原理与检修 / 112
任务二　进气歧管绝对压力传感器结构原理与检修 / 117
任务三　节气门/加速踏板位置传感器结构原理与检修 / 121
任务四　曲轴/凸轮轴位置传感器结构原理与检修 / 129
任务五　温度传感器结构原理与检修 / 137
任务六　氧传感器结构原理与检修 / 142
任务七　爆燃传感器结构原理与检修 / 152

项目四
电控发动机故障诊断与排除 / 157
任务一　自诊断系统认知与诊断仪器的使用 / 157
任务二　发动机电子控制单元故障诊断与排除 / 166
任务三　电控发动机典型故障码诊断与排除 / 177

项目一
汽油机电控系统结构原理与检修

本项目主要学习汽油机电控系统结构原理与检修，有 5 个工作任务：任务一是，汽油机电控系统结构认知；任务二是，燃油供给系统结构原理与检修；任务三是，空气供给系统结构原理与检修；任务四是，点火控制系统结构原理与检修；任务五是，排放控制系统结构原理与检修。通过 5 个工作任务的学习，你能够认识汽油机电控系统的总体构造，以及掌握供油、进气、点火、排放等系统的结构原理与检修的知识和技能。

任务一　汽油机电控系统结构认知

➡ 情境导入

情境描述

一辆一汽 - 大众迈腾 B8 新车，装备 CUF 电控汽油机。由于此车要进行新车入库，需对整车进行全面的检查，尤其是要对发动机电控系统进行详细的检查。你的主管把这个检查任务分配给你，你能完成吗？

情境提示

新车入库时，需要汽车经销商的专业人员对整车的各个系统进行详细的检查，其中包括发动机电控系统检查等。要完成这个任务，你必须对电控发动机总体结构有完整的认知，才能进行下一步的工作。电控发动机的检查，除了检查外观外，还需要检查电控系统的各个子系统，发现问题必须及时处理。

➡ 学习目标

知识目标

1）能描述电控汽油喷射系统的发展、优点与分类。
2）能描述汽油机电控系统的结构组成。
3）能描述汽油机电控系统的控制原理。

技能目标

1）能识别汽油机电控系统的各个子系统。
2）能识别汽油机电控系统主要传感器、执行器和电子控制单元。

一 基本知识

1. 电控汽油喷射系统的发展与优点

（1）电控汽油喷射系统的发展

电控汽油喷射（Electronic Fuel Injection，EFI）系统主要应用在汽油机上，也称为电子汽油喷射系统。

汽车给人类带来极大便利的同时也带来一系列的问题，主要表现在环境污染和能源消耗两方面。为了同时解决汽车发动机的排放污染和燃油经济性两大难题，满足趋于苛刻的法规，传统的机械式化油器和点火方式已经难以胜任。随着电子技术的发展，汽车发动机的电控汽油喷射系统得到了飞速发展，在20世纪90年代已经取代了传统的化油器。

（2）电控汽油喷射系统的优点

电控汽油喷射系统的发动机与早期汽车采用的化油器（已经淘汰）发动机相比具有许多优点，其主要优点是：

1）空燃比控制精度高。通过电子控制系统精确控制各喷油器的喷油量，满足各种工况下的最佳空燃比，保证良好的工作性能，可提高发动机功率，降低油耗和排放污染物。

2）混合气分配均匀性好。多点汽油喷射系统，每个气缸都配置一个喷油器。汽油喷射在进气门前或直接喷入气缸，进气歧管的气流中不含汽油，进气歧管壁上不会出现油膜，每个气缸都可以得到相等的汽油量，使吸入各气缸的可燃混合气完全一致。

3）加减速性能好。电控汽油喷射发动机的汽油喷射在进气门前或直接喷入气缸，发动机的电子控制单元（Electronic Control Unit，ECU）响应迅速，能及时增减汽油，从而保证汽车具有良好的加速及减速性能。

4）具有良好的起动性能。在发动机起动时，ECU通过检测发动机温度、起动转速、起动时间和次数等因素，精确地计算起动供油量，使发动机起动容易，且暖机性能好。

2. 电控汽油喷射系统的分类

（1）按汽油喷射部位分类

电控汽油喷射系统按汽油喷射部位可分为缸外喷射和缸内喷射两类。

喷油器将汽油喷射在进气门前的进气管内，称为缸外喷射，如图1-1-1所示。

采用缸外喷射的方法，喷油器不受燃烧高温、高压的直接影响，设计喷油器时受到的制约较少，且喷油器工作条件大大改善。

喷油器将汽油直接喷射到气缸内部称为缸内喷射，又称为缸内直喷，如图1-1-2所示。

图1-1-1 缸外喷射

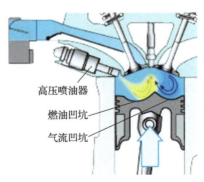
图1-1-2 缸内喷射

缸内喷射系统将喷油器安装在气缸盖上，并以较高的汽油压力将汽油直接喷入气缸。缸内喷射的优越性在于能够实现稀薄混合气燃烧，有利于降低汽油消耗和控制排放。随着材料与加工技术的提高，目前许多汽车厂家已经广泛使用缸内喷射系统。

（2）按汽油喷射时序分类

按喷射时序可分为连续喷油的连续喷射和间歇喷油的间歇喷射两种形式。目前大部分电控汽油喷射系统都采用间歇喷射方式，间歇喷射方式又可分为同时喷射、分组喷射和顺序喷射。

1）同时喷射是指在发动机运转期间，由ECU的同一个指令控制所有喷油器同时开启或同时关闭，如图1-1-3a所示。当采用分组喷射或顺序喷射的汽油喷射系统发生故障、控制系统处于应急状态运行时，一般采用同时喷射方式喷油。其目的是供给充足的汽油维持发动机运转，以便将汽车行驶到维修厂修理。

2）分组喷射是将喷油器分成两组或三组交替喷射，ECU依次发出各组喷油指令，每组指令控制一组喷油器，如图1-1-3b所示。

3）顺序喷射是指喷油器按发动机各缸进气行程的顺序轮流喷射，它具有喷射正时，由ECU根据曲轴和凸轮轴位置传感器提供的信号，辨别各缸的进气行程，适时发出各缸的喷油脉冲信号，以实现顺序喷射的功能，如图1-1-3c所示。当系统发生故障处于应急状态工作时，ECU将自动转换为同时喷射方式喷油。

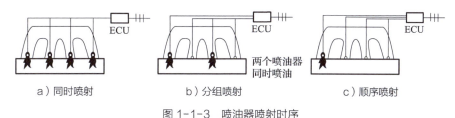

图1-1-3 喷油器喷射时序

（3）按进气量的检测方式分类

电控汽油喷射系统在控制喷油时，需要确定当前的进气量，根据进气量的检测方式不同，电控汽油喷射系统分为流量型（L型）和压力型（D型）两大类。

1）流量型。流量型又有体积流量型和质量流量型两种。体积流量型采用翼板（叶片）式空气流量传感器（流量计）或卡门涡流式空气流量传感器，计量气缸充气的体积量；质量流量型采用热线式或热膜式空气流量传感器，直接测量进入气缸的空气质量。

2）压力型。压力型系统根据进气管内绝对压力间接计量发动机进气量。压力传感器将进气管内的进气压力信号送给ECU，ECU根据压力输入信号和发动机转速信号计算出进气量。

3. 电控汽油喷射系统的结构组成

汽油机电控喷射系统由以下子系统组成：汽油供给系统（也称为燃料/油供给系统）、空气供给系统、点火控制系统、排放控制系统，以及由传感器、执行器和ECU组成的电子控制系统。图1-1-4所示为汽油机电控喷射系统结构组成示意图。

（1）汽油供给系统

汽油供给系统的功用是供给喷油器一定压力的汽油，喷油器则根据ECU指令喷油。发动机工作时，电动汽油泵将汽油自燃油箱内吸出，经汽油滤清器过滤后，由压力调节器调压（带回油式汽油供给系统），通过油管输送给喷油器，喷油器根据ECU指令向进气歧管喷油。汽油泵供给的多余汽油经压力调节器的回油管流回燃油箱。有些早期的发动机还装有冷起动喷油器，安装在进气总管上，仅在发动机低温起动时喷油，以改善发动机的低温起动性能。

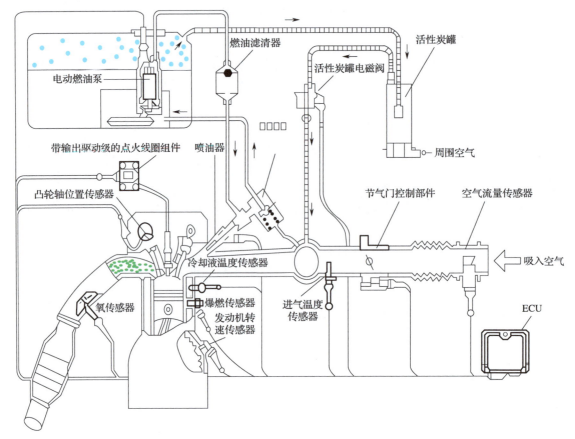

图 1-1-4　汽油机电控喷射系统结构组成示意图

（2）空气供给系统

空气供给系统的功用是为发动机提供清洁的空气并控制发动机正常工作时的进气量。发动机工作时，空气经空气滤清器过滤后，通过空气流量传感器（也称为空气流量计，有些车型采用进气歧管绝对压力传感器）、节气门体进入进气总管，再通过进气歧管分配给各缸。节气门体中设有节气门，由 ECU 控制节气门开度，用以调节进入发动机的空气量，从而控制发动机的输出功率。早期车型没有采用电子节气门，在节气门体的外部或内部设计与主进气道并联的旁通怠速进气通道，并由怠速控制阀控制怠速时的进气量。

（3）点火控制系统

电控汽油机采用的点火控制系统又称为电子点火提前（Electronic Spark Advance，ESA）系统，最基本的功用是控制点火提前角。该系统根据各相关传感器信号，判断发动机的运行工况和运行条件，选择最理想的点火提前角点燃混合气，从而改善发动机的燃烧过程，以实现提高发动机动力性、经济性和降低排放污染的目的。此外，点火控制系统还具有闭合角控制和爆燃控制功能。

（4）排放控制系统

排放控制系统的功用主要是对发动机排放控制装置的工作实行电子控制，实现发动机闭环控制，并使尾气排放符合环保要求。排放控制的项目主要包括氧传感器和空燃比闭环控制、排气再循环（EGR）控制、汽油蒸发回收（活性炭罐电磁阀）控制、二次空气喷射控制、三元催化净化器等。

（5）电子控制系统

发动机电子控制系统由传感器、执行器和 ECU 三部分组成（图 1-1-5）。

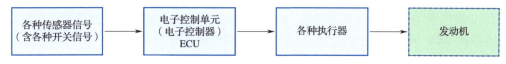

图 1-1-5　发动机电子控制系统框图

传感器的功能是将发动机运行时的各种状态信息，由非电量信号转变为电信号输入 ECU。它包括各种传感器及一些开关信号。发动机电子控制系统采用的传感器主要有空气流量传感器（或进气歧管绝对压力传感器）、曲轴位置传感器、凸轮轴位置传感器、节气门位置传感器、冷却液温度传感器、进气温度传感器、车速传感器，开关信号有制动开关、起动开关、动力转向开关等开关信号。

ECU 的作用是接收来自各种传感器的信息，经过快速地处理、运算、分析和判断后，适时地输出控制指令控制执行器动作，从而控制发动机运行。

执行器的功能是执行 ECU 发出的指令，完成各项控制任务。常见的执行器有喷油器、电动汽油泵、点火线圈（点火控制器）、各种继电器、各种电磁阀等，所有执行器的内部基本结构都是线圈。

4. 汽油机电控系统的控制原理

电控汽油喷射系统是电控汽油机最重要的组成部分，因此电控汽油机也称为"电喷发动机"。下面以典型的电控汽油喷射系统为例，说明电控汽油机的基本控制原理。图 1-1-6 所示为电控汽油喷射系统喷油控制原理简图。

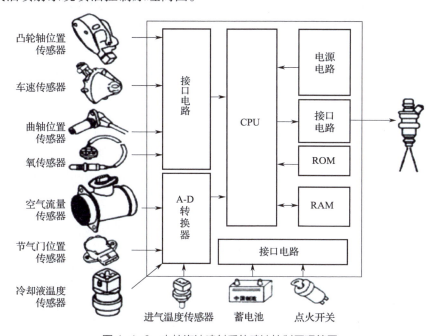

图 1-1-6　电控汽油喷射系统喷油控制原理简图

发动机 ECU 控制喷油正时与喷油量（喷油时间），在发动机工作过程中，凸轮轴位置传感器向 ECU 提供活塞上止点位置的信号，以便确定喷油提前角（提前时间）。发动机 ECU 控制的喷油量由基本喷油量和修正喷油量两部分组成，曲轴位置传感器向 ECU 提供发动机曲轴转速和转角的信号，空气流量传感器（或进气歧管绝对压力传感器）向 ECU 提供进气量多少的信号，ECU 根据这两个信号计算基本喷油量（喷油时间），然后根据其他传感器和开关信号计算修正喷油量。节气门位置传感器向 ECU 提供发动机负荷大小的信号，冷却液温度传感器向 ECU 提供发动机冷却液温度信号，氧传感器向 ECU 提供发动机可燃混合气浓度的信号，车速传感器向 ECU 提供车速的信号，以便判断发动机运行在怠速状态（节气门关闭、车速为零）还是减速状态（节气门关闭、车速急速下降，或节气门不关闭、车速缓慢下降），点火起动开关信号包括点火开关接通信号和起动开关接通信号，用于 ECU 判断发动机工作状态（起动状态或正常工作状态）并运行相应的控制程序。

二 基本技能

1. 汽油机电控系统子系统的识别

参照前文"基本知识"的内容，必要时阅读维修手册及相关技术资料，在整车或发动机台架上，识别汽油机电控系统的汽油供给系统、空气供给系统、点火控制系统、排放控制系统等子系统。

图 1-1-7 所示为 2017 年款一汽 – 大众迈腾 CUF 电控发动机总体结构实物图，图 1-1-8 是 2019 年款一汽丰田卡罗拉 8ZR-FE 电控发动机总体结构实物图。

图 1-1-7　2017 年款一汽 – 大众迈腾 CUF 电控发动机总体结构实物图

图 1-1-8　2019 年款一汽丰田卡罗拉 8ZR-FE 电控发动机总体结构实物图

2. 汽油机电控系统主要传感器、执行器和电子控制单元的识别

参照前文"基本知识"的内容，必要时阅读维修手册及相关技术资料，在整车或发动机台架上，识别汽油机电控系统的传感器、执行器和 ECU 的外观及安装位置。

（1）空气流量传感器

空气流量传感器一般包含进气温度传感器，安装在进气管道上（图 1-1-9）。

（2）进气歧管绝对压力传感器

进气歧管绝对压力传感器一般包含进气温度传感器，安

图 1-1-9　空气流量传感器

装在进气歧管上（图1-1-10）。

（3）节气门体

节气门体总成包括节气门位置传感器、节气门电动机（或怠速控制阀）和节气门体，安装在进气管道与进气歧管连接处（图1-1-11）。

（4）加速踏板位置传感器

加速踏板位置传感器安装在加速踏板轴上（图1-1-12）。

图1-1-10　进气歧管绝对压力传感器

图1-1-11　节气门体

图1-1-12　加速踏板位置传感器

（5）曲轴位置传感器

曲轴位置传感器安装在曲轴端部（朝向飞轮、曲轴传动带轮）或中间的位置（图1-1-13）。

（6）凸轮轴位置传感器

凸轮轴位置传感器安装在气门室盖上，朝向凸轮轴端部的位置（图1-1-14）。

图1-1-13　曲轴位置传感器

图1-1-14　凸轮轴位置传感器

（7）冷却液温度传感器

冷却液温度传感器安装在冷却液管道上（图1-1-15）。

图1-1-15　冷却液温度传感器

（8）氧传感器

氧传感器安装在排气管上（图 1-1-16）。

（9）爆燃传感器

爆燃传感器安装在缸体上（图 1-1-17）。

（10）喷油器

喷油器安装在供油管道的共轨上或独立的供油管道上（图 1-1-18）。

图 1-1-16　氧传感器

图 1-1-17　爆燃传感器

图 1-1-18　喷油器

（11）汽油泵

汽油泵一般安装供油管道上或燃油箱内部（图 1-1-19）。

（12）可变气门电磁阀

可变气门电磁阀安装在气门室盖上，朝向凸轮轴（图 1-1-20）。

图 1-1-19　汽油泵

图 1-1-20　可变气门电磁阀

（13）点火线圈

点火线圈根据类型安装位置有区别，图 1-1-21 所示为双点火的点火线圈，图 1-1-22 所示为独立点火的点火线圈。

图 1-1-21　双点火的点火线圈

图 1-1-22　独立点火的点火线圈

（14）炭罐电磁阀

炭罐电磁阀安装在汽油蒸汽回收管道上（图1-1-23）。

（15）三元催化净化器

三元催化净化器安装在排气管上（图1-1-24）。

（16）发动机电子控制单元

发动机电子控制单元（图1-1-25）一般安装在仪表台下方或前机舱内。

图1-1-23　炭罐电磁阀

图1-1-24　三元催化净化器

图1-1-25　发动机电子控制单元

任务二　燃油供给系统结构原理与检修

情境导入

情境描述

一辆一汽丰田卡罗拉，装备8ZR-FE电控汽油机，报修时发动机加速无力。初步诊断为燃油供给系统故障。你的主管把这个检修任务分配给你，你能完成吗？

情境提示

如果使用的汽油质量较差，容易导致汽油滤清器、喷油器堵塞，甚至是电动汽油泵损坏，汽车出现发动机加速无力，燃油供给系统出现故障的可能性很大。

本情境中，造成"发动机加速无力"的故障，如果ECU没有故障码，燃油供给系统故障的可能性最大（汽油压力低，喷油器堵塞或汽油泵损坏）。检修时，如果排除了喷油器及油路脏堵的故障，则应更换汽油泵。

学习目标

知识目标

1）能描述燃油供给系统的作用、类型、结构组成与工作原理。
2）能描述燃油供给系统的喷油量控制过程。
3）能描述燃油供给系统的控制电路工作过程。
4）能描述燃油缸内直喷系统的结构组成与工作原理。

技能目标

1）能进行燃油供给系统压力测量。
2）能进行电动汽油泵及控制电路检测。
3）能进行喷油器及控制电路检测。
4）能进行汽油缸内直喷系统压力读取。

一 基本知识

1. 燃油供给系统的作用与类型

燃油供给系统的作用是将具有一定压力的清洁汽油通过喷油器，适时喷射到发动机进气歧管或气缸内，系统的压力由油压调节器控制在规定的范围内，喷油量和喷油正时均由发动机ECU根据传感器信号确定。发动机工作时，电动汽油泵将汽油从燃油箱里泵出，经汽油滤清器除去杂质及水分后通过进油管进入供油分配管（油轨），分配到各缸喷油器。

燃油供给系统按照管路循环方式，可以分为两类：有回油的供给系统和无回油的供给系统。

（1）有回油的燃油供给系统

图1-2-1所示为有回油的燃油供给系统结构示意图。有回油的供给系统的主要特征是，将多余的汽油从油压调节器的回油管送回燃油箱。这种系统采用电动汽油泵和机械式油压调节器，ECU接收到稳定的曲轴位置传感器信号后就控制电动汽油泵连续运转。

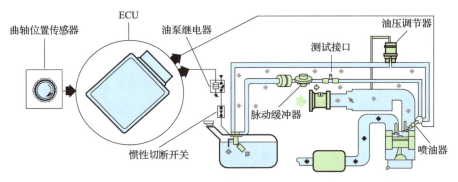

图1-2-1 有回油的燃油供给系统结构示意图

（2）无回油的供给系统

图1-2-2所示为无回油的燃油供给系统结构示意图。无回油的供给系统有以下特点。

①由于没有回油管，减少了汽油被发动机热量加热的机会，汽油温度比较低，所以可以减少汽油蒸气的蒸发以降低排放。

②无回油的供给系统通常把油压调节器（调节阀）、汽油滤清器安装在燃油箱内，减少了燃油箱外汽油管路的接口，大大降低因汽油泄漏而发生车辆自燃的可能性。

③无回油的供给系统汽油压力通常比较高，因此可以把喷油器的喷油孔设计得多而且小，利于汽油雾化。

④在有回油的供给系统中因为油压调节器的调节作用，油轨内的压力相对于进气歧管是固定的（相对于大气压则可能是变化的）。而在无回油的供给系统中，油轨内的压力相对于大气压相对固定（相对于进气歧管则是变化的），由此ECU必须通过进气歧管压力的变化修

正喷油量，以消除喷油压力不稳定造成的供油量误差。

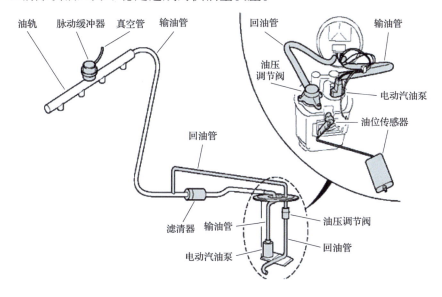

图 1-2-2　无回油的燃油供给系统结构示意图

2. 燃油供给系统的结构组成与工作原理

下面以有回油的燃油供给系统为例，介绍燃油供给系统的结构组成与工作原理。燃油供给系统主要由燃油箱、电动汽油泵、汽油滤清器、油压调节器、汽油分配管（油轨）、喷油器等部件组成（图 1-2-3）。当电动汽油泵泵入供给系统的汽油增多或油路中的油压升高时，油压调节器将自动调节汽油压力，保证供给喷油器的油压基本不变，多余的汽油经过油压调节器回油管流回燃油箱。

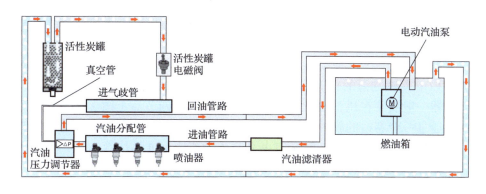

图 1-2-3　燃油供给系统的结构组成

（1）电动汽油泵

燃油供给系统的电动汽油泵安装在燃油箱内，其作用是将燃油从燃油箱中泵出，向喷油器提供一定压力的汽油。电动汽油泵的设计供油量大于发动机耗油量，这是因为：一是防止发动机供油不足；二是汽油流动量增大可以散发供给系统的热量，从而防止油路产生气阻。

电动汽油泵根据其安装位置的不同，可分为外装式和内装式。外装式电动汽油泵串接在燃油箱外部的输油管路中，容易布置和拆装，但噪声大，且易产生气泡形成气阻。内装式电动汽油泵安装在燃油箱内部，拆装不方便，但其优点是不易产生气阻和泄漏，易于散热且工作噪声小。由于以上特点,目前绝大部分的车型采用内装式的电动汽油泵。

电动汽油泵根据其机械泵体结构的不同,可分为滚柱式、齿轮式、叶片式、涡轮式等类型。各种类型电动汽油泵的结构组成和工作原理类似,下面以涡轮式电动汽油泵为例,介绍电动汽油泵的结构组成和工作原理。

图1-2-4所示为涡轮式电动汽油泵的结构组成。涡轮式电动汽油泵由永磁式直流电动机、安全阀(卸压阀)、单向阀和壳体等组成,叶轮固定在电动机轴上,由电动机驱动。电动机通电时,驱动涡轮泵叶轮旋转,由于离心力的作用,使叶轮周围小槽内的叶片贴紧泵壳,将汽油从进油室带往出油室。由于进油室的汽油不断被带走,形成一定的真空度,将汽油从进油口吸入;而出油室汽油不断增多,汽油压力升高,当达到一定值时,顶开单向阀出油口输出。单向阀在油泵不工作时阻止汽油流回燃油箱,保持油路中有一定的压力,便于下次起动。

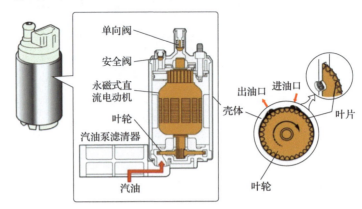

图1-2-4 涡轮式电动汽油泵的结构组成

(2)油压调节器

油压调节器(即汽油压力调节器)的作用是使燃油供给系统的压力与进气道(进气歧管)压力之差(即喷油压力)保持恒定。由于喷油器的喷油量不仅取决于喷油持续时间,还与喷油压力有关。在相同的喷油持续时间内,喷油压力越大,喷油量越多,反之亦然。因此只有保持喷油压力恒定不变,才能使喷油量在各种负荷下都只取决于喷油持续时间(或电脉冲宽度),以实现ECU对喷油量的精确控制。图1-2-5所示为汽油压力调节示意图。

油压调节器一般安装在供油分配管(油轨)上。油压调节器(图1-2-6)外部是一个金属壳体,中间通过一个卷边的膜片将壳体内腔分成两个小室:一个是弹簧室,内装一个带预紧力的螺旋弹簧作用在膜片上方,弹簧室由真空软管连接至进气歧管;另一个为汽油室,直接通入供油分配管。

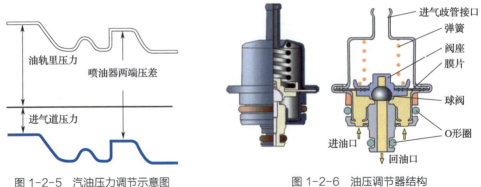

图1-2-5 汽油压力调节示意图　　图1-2-6 油压调节器结构

图 1-2-7 所示为油压调节器工作原理图。汽油从油压调节器进油口进入调节器油腔，汽油压力作用到与阀体相连的金属膜片上。当汽油压力升高，油压作用到膜片上的压力超过调节器弹簧的弹力时，油压推动膜片向上拱曲，调节器球阀打开，部分汽油从回油口经回油管流回燃油箱，使汽油压力降低。当汽油压力降低到油压调节器控制的系统油压时，汽油作用在膜片上的压力不足以克服油压调节器内的弹簧弹力，球阀关闭，使系统汽油保持一定的压力值不变。

a）压力降低　　b）压力保持

图 1-2-7　油压调节器工作原理图

如图 1-2-8 所示，弹簧的设定弹力为 300kPa，当进气歧管真空为零时，汽油压力保持在 300kPa。当进气歧管真空度变化时，会影响膜片的上下拱曲，并改变汽油压力。怠速时，真空为 400mmHg（压力为 -54kPa），吸动膜片向上拱曲变大，球阀开度增大，回油量增大，系统油压下降，汽油压力的调整值为 300kPa-54kPa=246kPa；节气门全开时，真空约为 40mmHg（压力为 -5kPa），膜片向上拱曲变小，球阀开度减小，回油量减小，系统油压升高，汽油压力的调整值为 300kPa-5kPa=295kPa。

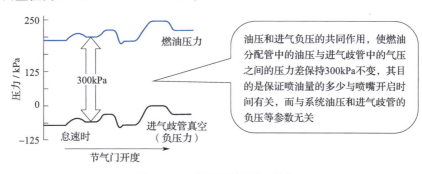

油压和进气负压的共同作用，使燃油分配管中的油压与进气歧管中的气压之间的压力差保持300kPa不变，其目的是保证喷油量的多少与喷嘴开启时间有关，而与系统油压和进气歧管的负压等参数无关

图 1-2-8　油压调节器输出特性

（3）喷油器

喷油器是燃油供给系统中的一个关键执行元件，在 ECU 的精确控制下，将汽油呈雾状喷射入气缸或者进气歧管内。

燃油供给系统中都使用电磁式喷油器（图 1-2-9）。按喷油器电磁线圈阻值大小，喷油器可分为高阻型（12~17Ω）和低阻型（2~3Ω）两种，目前大部分车型采用高阻型喷油器。电磁线圈通电时，喷油器头部的针阀打开，一定压力的汽油以雾状喷入进气歧管或气缸，与空气混合。ECU 利用脉冲宽度来控制喷油器的喷油时间，从而控制喷油量。一般，喷油器每次喷油的时间为 2~10ms。时间越长，喷油量就越大。

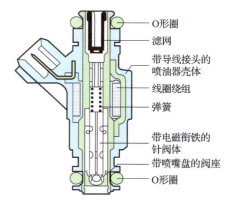

图 1-2-9　喷油器结构

图 1-2-10 所示为喷油器的控制原理图。发动机工作时，ECU 中的微处理器根据有关传感器输入的信号，经运算判断后输出控制喷油器开启信号，控制功率晶体管导通与截止。当功率晶体管导通时，即接通喷油器电磁线圈电路，产生电磁吸力，当电磁力超过针阀弹簧力和油液压力的合力时，磁心被吸动，阀针随之离开阀座，即阀门打开，喷油器开始喷油。当功率晶体管截止时，则喷油器电磁线圈电路被切断，电磁力消失，当针阀弹簧力超过衰减的

电磁力时，弹簧力又使针阀返回阀座，使阀门关闭，喷油器停止喷油。

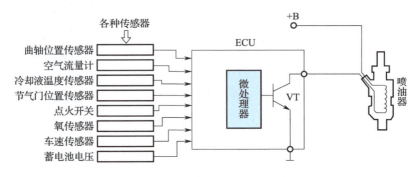

图 1-2-10 喷油器的控制原理图

3. 燃油供给系统的喷油量控制过程

燃油供给系统是通过对电磁喷油器喷油脉冲宽度的控制实现对喷油量控制的。根据不同的工况，发动机 ECU 首先根据空气流量传感器和发动机转速信号确定基本喷油脉宽，再根据其他传感器信号修正喷油脉宽。喷油脉宽控制分为起动过程中和起动后的喷油脉宽控制。

（1）起动过程中喷油脉宽的控制

图 1-2-11 所示为冷却液温度和起动喷油时间的关系。起动时，由于起动转速波动较大、吸入的空气量较少，空气流量传感器不能精确检测，所以起动时一般不根据吸入的空气流量计算喷油脉宽。起动时的汽油喷射时间通常由冷却液温度来决定，冷却液温度越低，汽油的雾化程度越差。因此，需要延长喷射时间来得到比较浓的可燃混合气。冷车起动时，由于温度低、转速低，喷入的汽油不易汽化，会引起混合气稀化。为了使发动机顺利起动，能产生足够的汽油蒸气形成可燃的混合气、在起动时供给足够的汽油，必须延长喷油脉宽，增大喷射量。ECU 根据起动开关信号或发动机转速（如 400r/min 以下），判定为起动工况，然后根据发动机冷却液

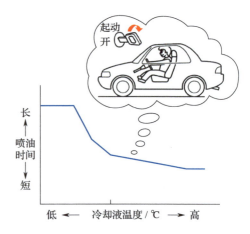

图 1-2-11 冷却液温度和起动喷油时间的关系

温度，在其内存中查出对应的基本喷油脉宽，再经进气温度信号和蓄电池电压信号修正后得到实际输出的喷油脉宽。

起动喷油脉宽（ms）= 由冷却液温度决定的起动喷油脉宽（ms）+ 无效喷射时间（ms）

（2）起动后喷油脉宽的确定

图 1-2-12 所示为喷射时间和发动机工况的关系。发动机起动后，当转速超过预设值时（如 400r/min），ECU 即认为起动过程结束，转而按起动后控制喷油脉宽。

1）起动后喷油器的喷油脉冲宽度。发动机起动后正常运转时，喷油器的喷油脉冲宽度是以一个进气行程中吸入气缸的空气质量为基准计算出来的。ECU 根据空气流量传感器或进气歧管绝对压力传感器、冷却液温度传感器、进气温度传感器、大气压力传感器和发动机转速传感器等输入的信号计算出一个进气行程中吸入气缸的空气质量和基本的喷射脉冲宽度，再综合考虑发动机的动力性、经济性、排放性等因素，对基本喷油脉冲宽度进行修正，即按照

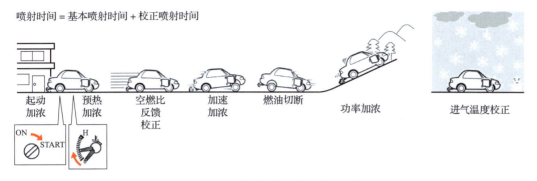

图 1-2-12　喷射时间和发动机工况的关系

发动机 ECU 内存储的针对各种工况的最理想目标空燃比来决定喷油脉冲宽度。目标空燃比、进气质量和所需汽油量的关系如下。

$$目标空燃比（A/F）=\frac{每个进气行程中进入气缸的空气质量（g）}{每次燃烧所需要的汽油质量（g）}$$

依据上式，根据每一进气行程中吸入气缸的空气质量（g）与目标空燃比（A/F），就可以计算出每次燃烧所需要的汽油质量（g），即

$$每次燃烧所需要的汽油质量（g）=\frac{每个进气行程中进入气缸的空气质量（g）}{目标空燃比（A/F）}$$

对于某一特定的喷油器来说，在供给系统压力与进气歧管的压力差保持一定的情况下，喷油器每次的喷油量仅与喷油器的开启时间成正比，因此在发动机的实际控制过程中，每次燃烧所需的汽油量，是通过控制喷油器的开启时间（即喷油脉冲宽度）来实现的。

由目标空燃比决定的喷油脉冲宽度可用下式计算，即

喷油脉冲宽度（ms）= 基本喷油脉冲宽度（ms）× 基本喷油脉冲宽度修正系数 + 喷油器无效喷油时间（ms）

而基本喷油脉冲宽度修正系数主要包括：与发动机温度相关的修正系数、加减速运转时的修正系数、混合气浓度的反馈修正系数、学习控制产生的修正系数、与负荷和转速相关的修正系数等。

不同汽油喷射系统的软件设计不同，计算方式可能也有所不同。

2）基本喷油脉冲宽度的确定。为了实现目标空燃比，利用空气流量传感器（或进气歧管绝对压力传感器）、发动机转速传感器的输入信号计算出喷油脉冲宽度。根据所采用的空气流量传感器（或进气歧管绝对压力传感器）类型的不同，确定基本汽油喷射脉冲宽度的过程也有所差异。

对于采用翼板式空气流量传感器、卡门涡旋式空气流量传感器和进气歧管绝对压力传感器的电控汽油喷射系统，其基本喷油脉冲宽度是发动机 ECU 根据空气流量传感器和发动机转速传感器的信号以及设定的目标空燃比（A/F），再辅以进气温度传感器及大气压力传感器的修正信号来确定的。上述传感器在发动机每个工作循环内检测的进气量越大，喷油器的喷油脉冲宽度也就越大。

3）与发动机温度相关的喷油脉冲宽度的修正。

①冷车起动修正。发动机在冬天冷起动时，或在夏天高温行驶后熄火 10～30min 再热起动时，都需要增加喷油脉冲宽度，否则可能造成急速不稳甚至发动机熄火等现象。

②暖机时喷油脉冲宽度的修正。发动机起动后，为了尽快使发动机、三元催化净化器和氧传感器达到正常工作温度，使控制系统进入闭环工作状态需要对暖机时的喷油脉冲宽度进

行修正,即增加汽油喷射量,这也是对发动机冷态时汽油供给不足的一种补偿措施。在进行起动后汽油增量修正的同时,也进行暖机汽油增量修正。起动后汽油增量修正在发动机完成起动后约数十秒内就会结束,而暖机增量修正时间较长,一直要持续到冷却液温度达到规定值才会停止。

③高温时喷油脉冲宽度的修正。一般,汽车在高速行驶时,因为行驶中的风冷作用且汽油一直在流动,所以汽油温度不会太高,约为50℃左右。但如果此时发动机熄火,汽油停止流动,发动机就会成为热源,使汽油温度升高,一旦达到80~100℃,燃油箱和油管内的汽油就会出现沸腾,产生汽油蒸气。这样在喷油器喷射的汽油中,因含有蒸气而使喷油量减少造成混合气变稀。为了解决因汽油蒸气引起的混合气稀化问题,应采取高温起动时汽油喷射脉冲宽度修正的措施。一般是当冷却液温度上升到设定值(如100℃)以上时,进行高温汽油增量修正。

④其他修正。发动机ECU根据其他工况(如加减速)和混合气浓度、转速等对喷油脉冲宽度进行修正,以达到最理想的空燃化。

4. 燃油供给系统的控制电路工作过程

下面以典型的丰田汽车为例,介绍电动汽油泵、喷油器的控制电路工作过程。

(1)电动汽油泵的控制电路工作过程

图1-2-13所示为丰田汽车电动汽油泵的控制电路。

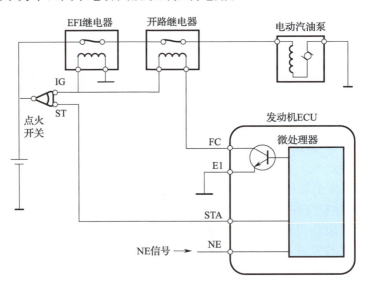

图1-2-13 丰田汽车电动汽油泵的控制电路

1)当点火开关置于"IG"(即ON)位置时,EFI继电器(电子汽油喷射继电器)接通。此时,发动机ECU控制电动汽油泵运行几秒以建立工作油压,若没有起动信号(STA信号)到发动机ECU,则电动汽油泵停止运转。

2)点火开关置于"ST"位置,发动机起动时,从点火开关的ST端子会传递一个STA信号到发动机ECU。当STA信号被输入到发动机ECU时,发动机ECU内部的晶体管接通,接着开路继电器也接通。电流流进电动汽油泵,使电动汽油泵开始运转。

3)在发动机运转的同时,ECU收到曲轴位置传感器传来的NE信号,晶体管继续保持接通,使电动汽油泵继续运作。

4）若发动机停止，则即使点火开关仍置于"IG"位置，NE信号不再被输入发动机ECU，ECU会关闭晶体管，开路继电器的触点断开，使电动汽油泵停止运转。

（2）喷油器的控制电路工作过程

图1-2-14所示为喷油器的控制电路。

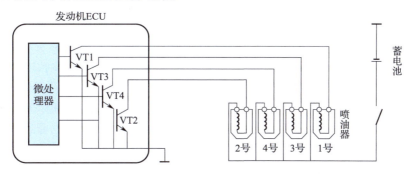

图1-2-14　喷油器的控制电路

以4缸发动机为例，当点火开关打开（IG位置）时，蓄电池电源为各缸的喷油器统一供电，此时喷油器只有供电并不会喷油。当车辆起动时，发动机ECU接收到发动机转速信号，喷油器根据ECU发出的晶体管（VT1、VT2、VT3、VT4）控制搭铁信号，将汽油适时地喷入气缸，喷油量由发动机各传感器确定，如果发动机转速信号缺失，那么ECU就不会控制喷油器搭铁，喷油器就会停止喷油。

喷油器从控制角度讲更像一个开关，ECU控制晶体管导通时，蓄电池电压直接加到喷油器上，喷油器的电磁线圈在驱动电流的作用下，喷油器开始工作，其喷油控制波形如图1-2-15所示。

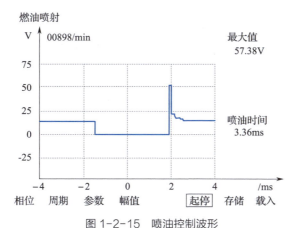

图1-2-15　喷油控制波形

一般，车辆运转状态下的正常电压为13.7V左右，开始喷油时控制晶体管导通，喷油器信号端子搭铁，喷油器铁心被打开开始喷油，在喷油器断开的瞬间，感应电动势会达到峰值60V，因此为了在示波器上获得适当的输出，一般选择25V/格。喷油器的脉冲宽度取决于ECU所读取的输入信号；输入信号来自各种各样的发动机传感器，冷机起动和暖机期间会增大喷油脉宽（加浓混合气），当发动机暖机到工作温度后，初始的脉冲宽度会变小。喷油脉冲宽度在加速下会扩张，而在轻负载下会收缩。多点喷油器可以是次序或同时喷射。同时喷射系统的4个喷油器同时喷油，每个周期（曲轴旋转720°）每个气缸收到2个喷油脉冲。次序喷射系统每个周期只收到1个喷油脉冲，时间与进气门开启一致。粗略估计，急速时，发动机工作温度正常下的喷油脉冲宽度大概为：同时喷射系统 2.5ms，次序喷射系统 3.5ms。

5. 汽油缸内直喷系统的结构组成与工作原理

（1）汽油缸内直喷系统简介

在对能源和环保要求日趋严格的条件下，即使是多点汽油喷射技术，也不能满足车辆的技术要求了，于是更为精确的汽油喷射技术诞生，那就是汽油缸内直喷技术。

汽油缸内直喷技术（Fuel Stratified Injection，FSI），意思是汽油向发动机气缸内直接喷射（区别于传统喷射系统将汽油喷射到进气道上），且形成分层。FSI 技术是由三菱汽车公司首先于 1996 年开始量产的，大众、奥迪、奔驰、福特等汽车厂商都拥有这种技术，但各自采用的名称不同，如三菱称为 GDI，大众及奥迪称为 FSI 或 TSI，福特称为 DISI，奔驰称为 CGI。奥迪汽车公司后来居上，在其全系列车上都已采用，大众汽车也普遍采用这种型式的发动机。图 1-2-16 所示为奥迪和一汽 - 大众迈腾车身后部的汽油直喷标志。

图 1-2-16　奥迪和一汽 - 大众迈腾车身后部的汽油直喷标志

燃油分层喷射技术是发动机稀燃技术的一种。稀燃技术，顾名思义就是发动机混合气中的汽油含量低，空气与汽油之比可达 25∶1（理论空燃比为 14.7∶1）以上。大众 FSI 发动机利用一个高压泵，使汽油通过一个分配轨道（共轨）到达电磁控制的高压喷射阀门。其特点是在进气道中已经产生可变涡流，使进气流形成最佳的涡流形态进入燃烧室内，以分层填充的方式推动，使混合气体集中在位于燃烧室中央的火花塞周围。如果稀燃技术的空燃比达到 25∶1 以上，按照常规是无法点燃的，因此必须采用由浓至稀的分层燃烧方式。通过缸内空气的运动在火花塞周围形成易于点火的浓混合气，空燃比达到 12∶1 左右，外层逐渐稀薄。浓混合气点燃后，燃烧迅速波及外层。FSI 的特点是，在低负荷时确保低油耗，但需要增加特殊的催化净化器以有效净化处理排放气体。因为在分层充气模式中，燃烧仅发生在火花塞的周围区域，所以气缸壁上的热量损耗较小并且热效率也提高了。由于汽油被直接喷入气缸中，进气中的热量被吸收，从而得到了冷却。这样就减小了发动机爆燃的可能性并且提高了压缩率。较高的压缩率产生了较高的压缩最终压力并且提高了热效率。在均质充气模式中，由于存在强烈的充气运动，所以发动机排气再循环的兼容性最大可达到 25%。为了在排气再循环率较低时能吸入相同容量的新鲜空气，节气门的开度变得更大。这时进气遇到的阻力较小，从而减少了在节气门上的损耗。

（2）缸内直喷技术的优点

1）降低尾气排放和汽油消耗。缸内直喷技术是伴随着稀燃技术的产生而产生的。目前的发动机主要向环保与节能发展，除了尽可能地减少 NO_x、CO、HC 等有害气体之外，还应尽量减少能形成温室效应的 CO_2，减少能源的浪费。FSI 发动机在 $\lambda=3$ 的情况下仍可以正常工作，因此采用 FSI 技术不但环保，而且其节油效果最高可达 20%。图 1-2-17 所示为缸内直喷技术节油效果与其他节油技术的比较,图中淡色区域表示采用节油技术后所能达到的最基本的节油效果;深色区域表示在不同发动机、不同工况等因素下所造成的差异。

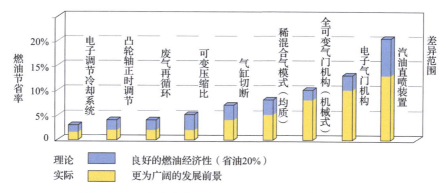

图 1-2-17 缸内直喷技术节油效果与其他节油技术的比较

采用缸内直喷技术的电控汽油喷射系统,喷油器安装在气缸盖上,汽油直接喷入发动机气缸内与空气混合形成可燃混合气,如图 1-2-18 所示。采用缸内直喷方式,通过合理的设计使缸内的气体流动可以实现分层燃烧和稀薄燃烧,降低废气排放和汽油消耗。

2)缸壁热损耗小,热效率高。由于分层燃烧模式的燃烧只发生在火花塞附近(图 1-2-19),缸壁上的热损耗很少,提高了热效率。在分层燃烧模式下,由于可燃混合气燃烧后在其周围有空气和回流气体形成的隔热层,使得向缸壁传导的热量减少,能量转化率高。

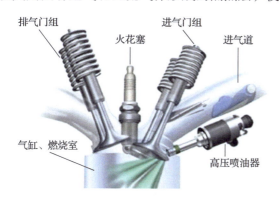

图 1-2-18 缸内喷射方式示意图

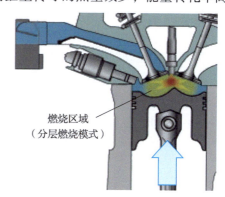

图 1-2-19 分层燃烧模式燃烧区域

3)排气再循环率高。排气再循环在分层燃烧模式和均质稀薄燃烧模式(转速低于 4 000 r/min 且为中等负荷时)时工作。在小负荷,特别是怠速和全负荷时,排气再循环不工作,因为在小负荷特别是怠速时,排气再循环工作时会使燃烧不稳定,甚至导致缺火;在全负荷时,排气再循环工作会使最大功率降低。分层燃烧可使排气再循环率高达 35%,由于进气系统发生变化,使得排气再循环率在分层燃烧模式以外的模式最多可达 25%。

4)压缩比高。在喷入过程中由于可吸收进气中的热量,所以减少了爆燃的倾向,可适当提高压缩比,相当于提高了热效率。

(3)汽油缸内直喷系统的结构组成

汽油缸内直喷系统由低压系统和高压系统两部分构成。

在低压系统中,电动汽油泵将约 0.6MPa 的汽油经滤清器供应给高压泵。从高压泵来的回油直接进入燃油箱。在高压系统中,单活塞高压泵将约 4~11MPa(取决于负荷和转速)的汽油送入燃油分配管,分配管再将汽油分配给四个高压喷油阀(喷油器)。过压阀用于保护工作在高压下的部件。它在压力高于 12MPa 时会打开。过压阀打开时，流出的汽油会进入高压泵的供油管内（图 1-2-20）。

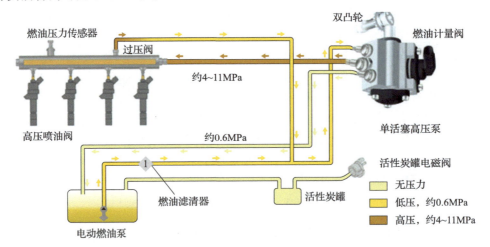

图 1-2-20　汽车缸内直喷系统组成

（4）汽油缸内直喷系统各组件的结构与原理

1）单活塞高压泵。如图 1-2-21 所示，单活塞高压泵的供油量是可调的，该泵由凸轮轴经双凸轮来机械式驱动。电动汽油泵向高压泵供应最高为 0.6MPa 的预压力。高压泵再产生供油轨内所需要的高压。压力缓冲器可吸收汽油压力的波动。

当活塞向下运动时，压力约为 0.6MPa 的汽油从燃油箱内的泵中经进油阀流入泵腔内，如图 1-2-22a 所示。当活塞向上运动时，汽油就被压缩了，在压力超过油轨内的压力时，汽油就被送入燃油分配管，如图 1-2-22b 所示。

图 1-2-21　单活塞高压泵

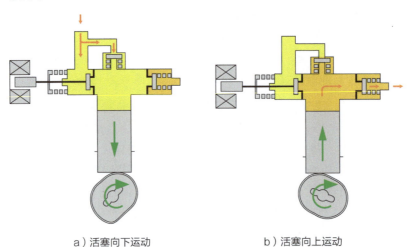

a）活塞向下运动　　b）活塞向上运动

图 1-2-22　单活塞高压泵的工作

2）燃油计量阀（MSV）：燃油计量阀（可控阀）位于泵腔和燃油入口之间。如果燃油计量阀在供油行程结束前打开了（图 1-2-23），那么泵腔内的压力就会卸掉，汽油就流回到燃油进入口内。在泵腔和燃油分配管之间有一个单向阀，在燃油计量阀打开时，可阻止油轨内的压力下降。为了调节供油量，燃油计量阀从油泵凸轮的下止点到某一行程之间是关闭的。当达到所需要的轨内压力时，燃油计量阀就打开，这样就可防止轨内压力继续升高。

出于安全原因，燃油计量阀是一个在不通电时打开的电磁阀。这就是说，高压泵所供应的全部汽油经打开的阀座被泵回到低压管路内。线圈通电后会产生磁场，与衔铁连在一起的阀针就被压入到阀座内。当达到要求的轨内压力后，燃油计量阀的供电就被切断了，于是磁场就消失了。高压将阀针从泵腔中压出，于是泵腔中不再需要的汽油就流回到低压管路中，如图 1-2-24 所示。

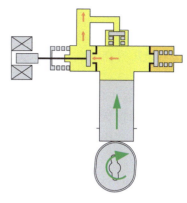

图 1-2-23 燃油计量阀打开

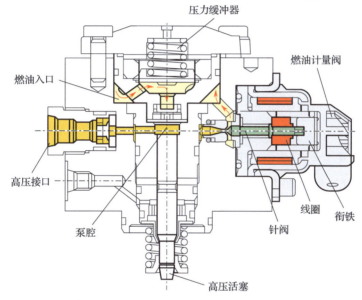

图 1-2-24 燃油计量阀作用

3）燃油分配管（轨）。燃油分配管（轨）的任务是，将一定的燃油压力分配到高压喷油阀，并且提供足够大的容积来补偿压力波动。燃油分配管（轨）是高压储存器，也是喷油阀、燃油压力传感器、压力限制阀的安装架以及高/低压系统之间的连接部分，如图 1-2-25 所示。

4）燃油压力传感器。如图 1-2-26 所示，在系统中，燃油压力传感器的任务是测量燃油

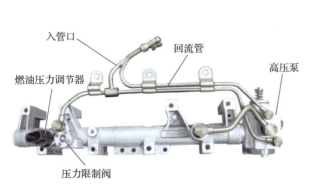

图 1-2-25 燃油分配管

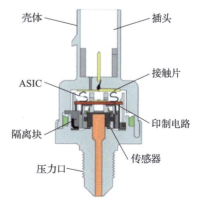

图 1-2-26 燃油压力传感器

分配管（轨）内的燃油压力。燃油压力作为电压值送往发动机 ECU，用于调节燃油压力。传感器内集成有分析用的电子装置，这个电子装置的供电电压为 5V。压力增大时，电阻值变小，信号电压升高。

图 1-2-27 所示为压力传感器特性曲线，表示信号输出电压 [V] 与压力 [MPa] 的关系。

5）高压喷油阀（喷油器）。如图 1-2-28 所示，高压喷油阀是燃油分配管（轨）和燃烧室之间连接体。高压喷油阀的任务是，计量出一定量的汽油，并将这些汽油在燃烧室中的一定区域中雾化，以便形成所需的均匀汽油 - 空气混合气（分层充气或均质充气）。

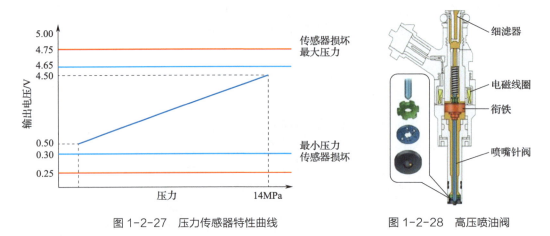

图 1-2-27　压力传感器特性曲线　　图 1-2-28　高压喷油阀

由于燃油分配管（轨）和燃烧室之间有压力差，在高压喷油阀动作时，汽油就被直接送入燃烧室。

发动机 ECU 内集成有两个升压电容器，这两个电容器产生 50~90V 的起动电压。这个电压用于保证较短的喷油时间（与进气歧管喷射相比）。

一汽 - 大众迈腾汽车高压喷油控制电路如图 1-2-29 所示，其工作原理与传统的汽油喷射系统喷油器相同。

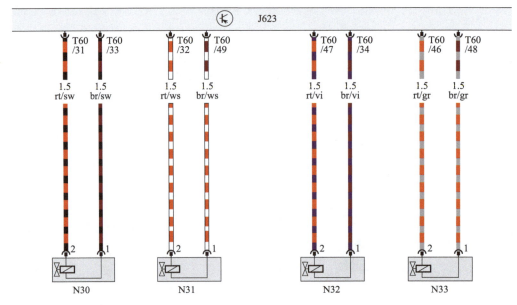

图 1-2-29　一汽 - 大众迈腾汽车高压喷油阀控制电路

J623—发动机 ECU　N30 ~ N33—各缸的喷油阀

二 基本技能

1. 汽油压力测量

▶ **提示**：当燃油供给系统没有压力、压力不足或压力过高时，可能会导致发动机起动困难、无法起动、加速无力、油耗过大等故障。

（1）准备工作

检修燃油供给系统前，先完成下述操作。

1）车辆应停在水平面上。
2）燃油箱内的汽油量不可超过总容积的 1/3。
3）短时打开燃油箱盖然后拧紧，卸掉蒸汽压力。
4）关闭点火开关后，断开蓄电池负极。
5）拆下的零件应放在清洁的表面并盖好，不可使用有绒毛的抹布。
6）断开管路接头前应彻底清洗接头及其周围区域。
7）燃油供给系统处于压力状态下，断开管路接头前，应用抹布包住接头，然后小心打开以卸压，以防止残余压力飞溅。
8）车辆周围准备灭火器及其他消防设备。

▶ **警告**：请务必放置灭火器，注意防火。

（2）油压测量步骤

1）释放燃油供给系统压力，方法如下：拆下电动汽油泵熔丝或继电器，或拆下电动汽油泵插接器，起动发动机直到自然熄火。
2）从蓄电池负极端子上断开电缆。
3）如果车辆没有装备燃油管路快速测试接口（图 1-2-30），则应断开汽油软管，方法如下：捏住汽油软管插接器的固定器，并拉出汽油软管插接器，从汽油管路上断开汽油软管，然后安装带快速测试接口的三通管，如图 1-2-31、图 1-2-32 所示。
4）安装汽油压力表，并擦净溅出的汽油，如图 1-2-33 所示。

图 1-2-30　油路快速测试接口

图 1-2-31　断开汽油软管

图 1-2-32　安装带快速测试接口的三通管

图 1-2-33　安装汽油压力表

5）安装拆下的电动汽油泵熔丝、继电器或电动汽油泵插接器。
6）将电缆连接到蓄电池负极端子上。

7)起动发动机,测量怠速时的汽油压力值,如图1-2-34所示。

汽油压力:304~343kPa。

▶ 提示:

① 汽油压力的标准值根据车型的不同而不同,参阅维修手册。

② 压力单位的换算:

$1bar=1kg/cm^2=0.1MPa=100kPa=14.5psi$

图1-2-34 测量怠速时的汽油压力值

8)关闭点火开关,使发动机停机。

9)检查并确认发动机停机后,汽油压力可以保持为规定值达5min以上。

汽油保持压力规定值:147kPa或更高。

如果汽油保持压力不符合规定,则检查汽油泵或喷油器是否泄漏。

▶ 提示:测量完毕恢复管路时,需要重新进行释放汽油供给系统压力等操作。

(3)汽油压力故障分析

汽油压力表读数表明油压故障,有油压为零、油压过低、油压过高和内部泄漏四种情况。

1)若油压为零,先检查燃油箱存油量,油道是否严重外泄,汽油滤清器是否完全堵塞。排除以上可能性后,如果油压依然为零,则需检查汽油供给系统的控制电路,如熔丝是否烧断、继电器是否不工作、电动汽油泵电路线束有否开路、电动汽油泵是否损坏等。

2)若油压不为零,但比正常数值低,则可能是汽油滤清器堵塞、电动汽油泵故障。

3)若油压过高,则检查压力调节器顶部的真空管是否松脱或破裂漏气,或油压调节器回油管是否堵塞等。

4)如果电动汽油泵停止工作后,5min内油压迅速下降,在排除油路向外泄漏的前提下,则检查喷油器、油压调节器、电动汽油泵的单向阀是否有泄漏故障。

2. 电动汽油泵及控制电路检测

▶ 提示:车辆出现无法起动故障时,可能是电动汽油泵或喷油器出现故障,应对相关控制电路进行检测。

(1)检查电动汽油泵的工作情况

1)点火开关转到ON或起动位置,并确认能听到燃油箱中油泵运转的声音。

2)如果听不到电动汽油泵运转声音,则检查电动汽油泵控制电路的熔丝、继电器、电动汽油泵、ECU、导线及插接器。具体方法如下:

拆下后排座椅垫,从电动汽油泵总成上断开插接器,使用万用表在发动机起动过程中测量电动汽油泵供电电压,应为蓄电池电压。如果供电电压正常,则可能是电动汽油泵故障,需要对电动汽油泵进行测试以确认故障;如果供电电压不正常,则应对电动汽油泵控制电路进行检测。

(2)电动汽油泵的检查与测试

用万用表测量电动汽油泵上两个接线端子间(图1-2-35的端子4与端子5)的电阻,其阻值应为0.2~3Ω(根据车型有区别,请参照维修手册)。如果不符,则更换电动汽油泵。

（3）电动汽油泵控制电路检测

1）将点火开关转到起动位置（或接通瞬间），测量电动汽油泵供电端电压，若电压不正常，则检查油泵继电器（开路继电器）及继电器控制电路。

2）打开点火开关，使用导线短接开路继电器供电端与电源输出端，电动汽油泵如果工作，检查开路继电器和继电器控制端电压

图 1-2-35 电动汽油泵电阻测试

及信号，如果开路继电器控制信号故障，则应检查发动机 ECU 或发动机转速传感器，若电动汽油泵依然不工作，则检查 EFI 继电器及控制电路。丰田汽车电动汽油泵的控制电路图如图 1-2-13 所示，检查步骤如图 1-2-36 所示。

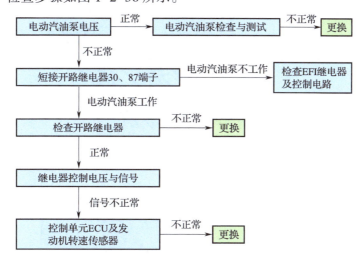

图 1-2-36 电动汽油泵控制电路检查步骤

3. 喷油器及控制电路检测

（1）喷油器电阻检测

使用万用表测量喷油器电阻（图 1-2-37）。标准电阻为 12~17Ω（根据车型有区别，请参照维修手册），如不符合规定值，则予以更换。

图 1-2-37 喷油器电阻检测

（2）喷油器供电电压检测

拆下喷油器插接器，使用万用表电压档，红色表笔连接 1 号端子，黑色表笔连接搭铁，打开点火开关，应显示蓄电池电压（图 1-2-38）。若电压不正常，则应检查 IG2 继电器及控制线路。

（3）喷油器控制信号检测

在喷油器连接状态下，使用LED试灯连接喷油器1号和2号端子（图1-2-39），短时起动发动机，LED试灯应会闪亮。当电流消耗小时，在发动机ECU的两次触发之间，LED试灯并不是完全熄灭，而是暗亮，在触发时，LED试灯非常亮。若试灯不闪亮，则应检查线路、ECU及曲轴位置传感器。

图1-2-38　喷油器供电电压测量

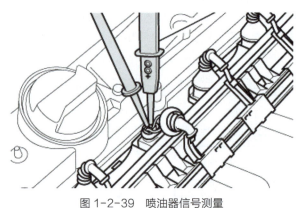

图1-2-39　喷油器信号测量

（4）喷油器喷油脉宽数据流检测

使用诊断仪器，进入数据流，读取喷油器喷油脉宽（时间）数据流（图1-2-40）。

图1-2-40　喷油脉宽（时间）数据流

（5）喷油器波形检测

使用示波器，进入执行器波形检测功能，检测喷油波形（图1-2-41）。

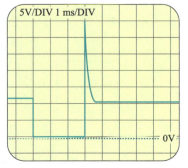

图1-2-41　喷油波形检测

4. 汽油缸内直喷系统压力读取

▶ 提示：在直喷发动机中，高压系统故障会导致发动机加速无力、熄火等故障。

➤ **警告：** 高压时流出的燃油可严重灼伤皮肤和眼睛。

（1）准备工作

1）出于安全原因，当未断开蓄电池负极连接时，必须在断开汽油缸内直喷系统管路之前将燃油泵控制单元（大众汽车是 J538）的熔丝（大众汽车是 SB21）拆下，电动汽油泵是通过驾驶员侧门控开关激活的。

2）拆下汽油缸内直喷系统压力下的部件前，务必对系统卸压。

低压系统卸压：与传统进气道喷射相同，操作时请使用抹布盖住维修接口。

高压系统卸压：起动发动机，用故障诊断仪读取高压系统数据流，拔出燃油泵控制单元熔丝，待系统压力从约 5MPa 降低到 0.4~0.7MPa，在操作时同样要用抹布盖住维修接口，再断开高压系统管路。

（2）系统压力读取

下面以一汽 – 大众迈腾 B7 为例，介绍汽油缸内直喷系统压力数据流读取方法。

1）起动车辆使发动机怠速运转，连接诊断仪，进入大众车系。

2）接下来选择发动机系统，进入发动机系统的自诊断功能。

3）进入发动机系统的自诊断功能以后，选择“08 读取测量数据流”。然后输入高压燃油压力测量通道号“106”或“140”（图 1–2–42）。

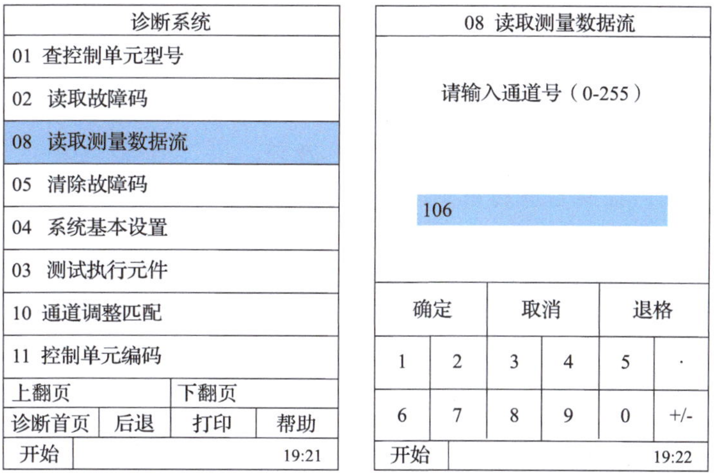

图 1-2-42　输入测量通道

4）输入通道号以后，组号下方第一行显示的就是汽油缸内直喷系统高压压力数据流（图 1–2–43），标准值为 4~11MPa。如果系统压力过低，则可能故障原因有低压供油不足、凸轮轴磨损、高压泵磨损、限压阀泄压、传感器故障等。

数据流名	值	单位
组号：	106	
□压力	5.026	MPa
信息	开	
信息		
□时间量化	655.35	s

图 1-2-43　燃料供给系统压力数据流

（3）故障排除

根据以上检测的结论，如果不正确，则查找故障原因，并排除故障（应先清除故障码），必要时根据维修手册的步骤更换部件。

任务三　空气供给系统结构原理与检修

➡ 情境导入

情境描述

一辆一汽－大众迈腾 B7，行驶里程为 80 000km。冷车时发动机抖动，有时伴随发动机熄火的现象。检查了燃油供给系统及气缸压力，结果正常，但故障依旧。你的主管把检修任务分配给你，你能完成吗？

情境提示

发动机抖动的原因很多，电控系统各子系统和发动机机械本体都有可能造成故障。要完成本次检修任务，首先必须对空气供给系统有完整的认知，才能进行下一步的工作。

本情境中，根据故障现象，应先检查发动机 ECU 是否记忆故障码，如没有故障码，则说明故障出在机械部分，应清洁进气管道及节气门体，并检查电子节气门、可变进气、可变进气管道、进气增压等可能造成故障现象相关的控制系统。

➡ 学习目标

知识目标

1）能描述怠速控制系统的结构与工作原理。
2）能描述电子节气门控制系统的结构与工作原理。
3）能描述可变气门控制系统的结构与工作原理。
4）能描述可变进气管道控制系统的结构与工作原理。
5）能描述进气增压控制系统的结构与工作原理。

技能目标

1）能进行怠速转速检查。
2）能进行电子节气门控制系统检修。
3）能进行可变气门控制系统检修。
4）能进行可变进气管道控制系统检修。
5）能进行进气增压控制系统检修。

一　基本知识

汽油机电控系统的空气供给系统除了进气管道以外，还包括怠速控制、电子节气门控制、可变气门控制、可变进气管道控制、进气增压控制等进气相关的控制系统。

1. 怠速控制系统的作用、结构与工作原理

（1）怠速控制系统的作用

怠速是指发动机在无负荷（对外无功率输出）情况下的稳定运转状态。电控发动机在怠速运转时，加速踏板完全松开，节气门接近关闭，进入气缸的空气量及喷油量很少，发动机

输出功率仅能在无负荷下以最低转速空运行。此时，若发动机的内摩擦增大、发动机负载发生变化（如空调等投入工作）则将引起发动机怠速转速变化，导致发动机怠速不稳，甚至熄火。因此，在电控发动机上一般都装有怠速控制系统（Idle Speed Control，ISC）控制稳定的标准怠速转速。

汽车的标准怠速转速值（也称为目标怠速、设定怠速或理想怠速）由发动机 ECU 根据冷却液温度等信号确定。如果怠速转速过高，则增加发动机的燃油消耗量；若怠速转速过低，则会运转不稳定，增加有害物的排放。

怠速控制系统的主要作用是稳定发动机的正常怠速，使发动机起动后能迅速暖机；在空调等负载投入工作时，自动调节发动机的怠速转速；还可根据自动变速器档位状况变化和动力转向开关接通情况引起发动机怠速时的负荷变化，自动调节发动机怠速转速，保证发动机在各种怠速条件下的稳定运转。

怠速控制系统各组成元件的功能见表 1-3-1。

表 1-3-1 怠速控制系统各组成元件的功能

项目	组件	功能
传感器或开关	曲轴位置传感器	检测发动机转速的高低
	节气门位置传感器	检测发动机运行状态
	冷却液温度传感器	检测发动机冷却液温度的高低
	起动开关信号	检测发动机是否处于起动工况
	空调开关信号	检测空调压缩机是否处于工作状态
	空档起动开关信号	检测变速器是否有载荷加在发动机上
	液力变矩器负荷信号	检测液力变矩器的负荷变化
	动力转向开关信号	检测动力转向系统是否起作用
	发电机负荷信号	检测发电机负荷的变化
	车速传感器	检测车速
执行器	怠速空气控制阀或节气门电动机	控制怠速时进气量的大小
控制器	电子控制单元（ECU）	根据从各个传感器输入的信号确定目标转速，把发动机的实际转速与目标转速进行比较，根据比较得出的差值，确定相当于目标转速的空置量，驱动怠速空气控制机构，即怠速空气控制阀，使发动机怠速转速保持在目标转速附近

（2）怠速控制系统的控制方式与工作原理

怠速进气量的控制方式因车型不同而有所不同。对于电控汽油机，目前可分为两种类型：旁通空气式和节气门直动式进气系统。

1）旁通空气式进气系统。旁通空气式进气系统（图 1-3-1）的特点是控制节气门旁通空气流量。这种方式应用于早期的电控汽油机，如旋转滑阀式（图 1-3-2）、电磁阀式（图 1-3-3）和步进电机式怠速控制阀

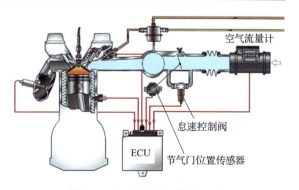

图 1-3-1 旁通空气式进气系统

（图1-3-4）都属于这一类。

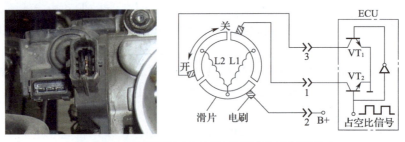

图1-3-2　旋转滑阀式怠速控制阀结构与控制原理图

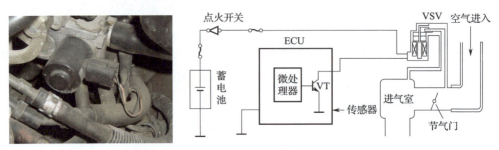

图1-3-3　电磁阀式怠速控制阀结构与控制原理图

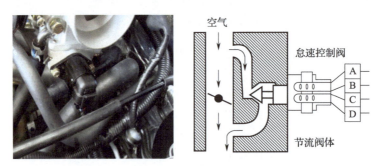

图1-3-4　步进电机式怠速控制阀结构与控制原理图

2）节气门直动式怠速控制机构。节气门直动式进气系统（图1-3-5）也称为直接进气式进气系统或电子节气门，直接控制节气门打开的位置。这种方式应用于当前市场上大多数的电控发动机。

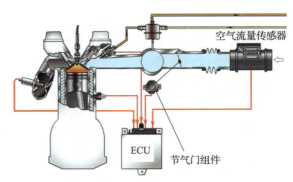

图1-3-5　节气门直动式进气系统

直接进气式怠速控制系统取消了旁通通道，通过调节节气门的开启角度（即调节空气通路的截面）来控制进气量，实现对怠速的控制。直接进气式怠速控制机构是直接通过对节气门最小开度的控制来控制怠速,实际上就是"电子节气门"系统的功能之一。

直接进气式怠速控制机构(节气门控制组件)主要由节气门电动机、减速机构、应急弹簧等组成,如图 1-3-6 所示。怠速时,ECU 直接控制节气门直流电动机的正反转和转动量,直流电动机驱动减速齿轮机构精确地控制节气门的开度,达到控制怠速进气量和怠速的目的。节气门控制组件中的怠速节气门电位计检测怠速时节气门的开度,正常值为 3°~4°,怠速时打开空调约 5°~6°,并把信号送到 ECU。ECU 将节气门实际的开度与目标开度进行对比,当出现偏差时,再通过节气门电动机进行调节。节气门电位计用于检测非怠速时的节气门开度。冷却液管路用于进气预热。

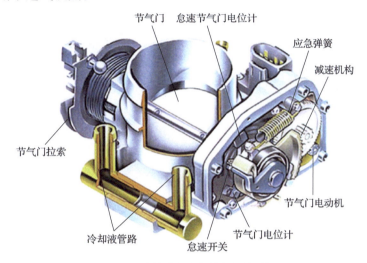

图 1-3-6 直接进气式的节气门控制组件

2. 电子节气门控制系统的作用、结构与工作原理

(1)电子节气门控制系统的作用

电子节气门控制系统直接将加速踏板行程转换为电信号来控制供油量以及节气门开度。在采用电子节气门控制系统的汽车中,节气门不再通过加速踏板的拉索来控制,加速踏板与节气门之间无机械式连接装置,它们之间是通过电气线路相连的。电子节气门控制系统还省下了如下部件:怠速空气控制阀、快怠速阀、缓冲筒膜片和单向阀、巡航控制动作器等。

(2)电子节气门控制系统的结构组成与工作原理

下面以大众汽车为例,介绍电子节气门控制系统的组成。电子节气门控制系统由带加速踏板位置传感器 G79/G185 的加速踏板模块、节气门控制模块 J338、发动机电子控制单元 J220(ECU)和电子节气门控制系统的故障指示灯 K132(电子功率控制故障指示灯,EPC)等部件组成,如图 1-3-7 所示。

1)加速踏板模块。加速踏板模块内部由两个加速踏板位置传感器组成,两个传感器都是滑动触点电位计,安装在同一根轴上,传感器 2 中串联了一个电阻,如图 1-3-8 所示。两个传感器在同一数值的基准电压下工作,基准电压由 ECU 提供,如图 1-3-9 所示。随着加速踏板位置的改变,电位计阻值也发生线性的变化,由此产生反映加速踏板下踏量大小和变化速率的电压信号输入 ECU,如图 1-3-10 所示。采用两个传感器信号的作用是监测并确保信号的正确性,出于安全考虑,每个传感器都有单独的电源、信号线和搭铁线。

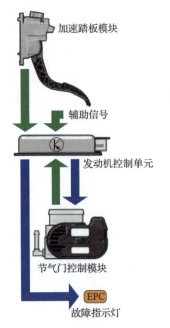 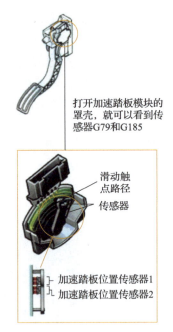

图 1-3-7　电子节气门控制系统组成　　　　图 1-3-8　加速踏板模块

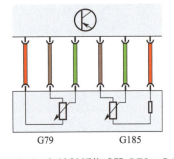 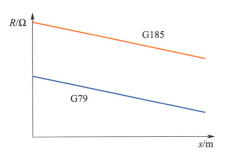

图 1-3-9　加速踏板传感器 G79、G185　　　图 1-3-10　加速踏板传感器信号

当一个传感器失效，电子节气门控制系统监测到只有一个加速踏板信号时，发动机会起动困难，同时系统还通过制动灯开关和制动踏板开关信号来判别怠速状态。此时，舒适系统被关闭（如关闭巡航、发动机制动调节等功能），EPC 灯点亮，故障存储器内存储有故障。当两个传感器都失效，发动机在 1 500r/min 左右运行，踩加速踏板时发动机无反应，同样 EPC 灯点亮，故障存储器内存储有故障。

2）节气门控制模块。节气门控制模块 J338 由两个节气门角度（位置）传感器 G187、G188 和节气门定位电动机 G186 等部件组成，如图 1-3-11 所示。

两个节气门角度传感器向发动机 ECU 提

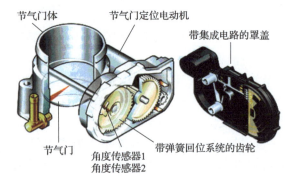

图 1-3-11　节气门控制模块

供节气门位置信号。与加速踏板位置传感器类似，两个传感器都是滑动触点电位计，安装在同一根轴上，由 ECU 提供数值相同的基准电压。当节气门位置发生变化时，角度传感器内的电位计阻值也随之线性地改变，由此产生相应的电压信号输入 ECU，该电压信号反映节气门

开度大小和变化速率。

两个传感器的信号曲线是相反的，如图 1-3-12 所示。信号在测量数据块中是以百分比来表示的。传感器两两反接，实现阻值的反向变化，即两个传感器阻值变化量之和为零。对两个传感器施加相同的电压，两者输出的电压信号也相应地反向变化，且其和始终等于供电电压。

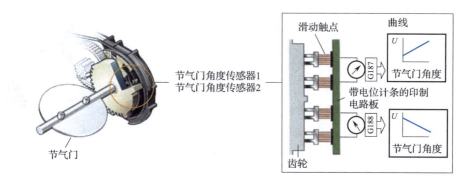

图 1-3-12　节气门角度传感器

装用两个传感器是为了精确和备用。当一个传感器失效时，系统使用另一个传感器信号，对加速踏板响应不变，巡航功能关闭，EPC 故障指示灯点亮，故障存储器存储故障码。当两个信号同时中断时，发动机转速维持在 1 500r/min 左右运行，踩加速踏板时发动机无反应，EPC 故障指示灯点亮，故障存储器存储故障码。

节气门定位电动机一般选用直流电动机，经过两级齿轮减速来调节节气门开度，如图 1-3-13 所示。节气门可在怠速和节气门全开之间无级地定位调节。早期以使用步进电动机为主，步进电动机精度较高、能耗低、位置保持特性较好，但其高速性能较差，不能满足节气门较高的动态响应性能的要求，因此现在比较多地采用直流电动机。直流电动机精度高，反应灵敏，便于伺服控制。节气门定位电动机根据发动机电子控制单元发出的命令控制节气门开度。当节气门定位电动机出现故障，弹簧回位系统把节气门设置在紧急运行位置，车辆只能在高怠速状态下行驶并且功能受到限制。电子节气门控制系统的 EPC 故障指示灯点亮，舒适系统功能被关闭。

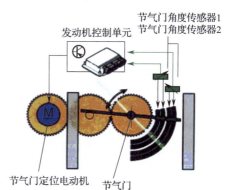

图 1-3-13　节气门控制模块控制图

节气门控制模块电路如图 1-3-14 所示。

3）发动机电子控制单元。发动机电子控制单元（ECU）是整个系统的核心，包括两部分：功能处理器和监视处理器，如图 1-3-15 所示。

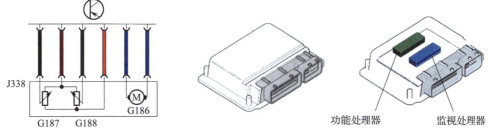

图 1-3-14　节气门控制模块电路　　　　图 1-3-15　发动机电子控制单元

功能处理器又由信息处理模块和电动机驱动电路模块组成。信息处理模块接收来自加速踏板位置传感器的电压信号，经过处理后得到节气门的最佳开度，并把相应的电压信号发送到电动机驱动电路模块，如图1-3-16所示。电动机驱动电路模块接收来自信息处理模块的信号，控制电动机转动相应的角度，使节气门达到或保持相应的开度。电动机驱动电路应保证电动机能双向转动。

监视处理器连续地对功能处理器的功能进行监控，同时也检查功能处理器的输出信号并与其计算的结果进行比较。功能处理器和监视处理器通过查询/应答功能来相互进行检查。如果发现故障，则两个处理器能够相互独立地影响发动机电子控制单元，停止点火和喷油来关闭发动机。

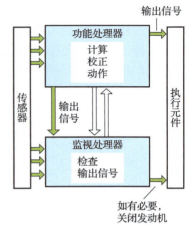

图1-3-16 发动机电子控制单元控制图

监视处理器可以查询功能处理器，例如查询发动机转速或点火提前角，然后检查回答是否正确。如果回答不正确，则在监视处理器的故障计数器中输入一次故障数。在累计了5个错误的回答后，发动机会被关闭。监视处理器可以在半秒内探测到5个错误的回答。

为了监控监视处理器，功能处理器故意给出一个错误的应答。如果监视处理器识别出该错误应答，则该错误应答就会被记录在错误计数器中并反馈给功能处理器。如果监视处理器没有识别出该错误的应答，则功能处理器中错误计数器的故障数被增加1次。在监视处理器没有识别出5个错误的应答后，发动机则被关闭。功能处理器没有应答或应答的时间点不正确，在这种情况下发动机立即停止运转。

3. 可变气门控制系统的作用、结构与工作原理

（1）可变气门控制系统的作用

可变气门控制系统是指发动机运转时，根据发动机工况对气门正时和气门升程规律进行调节的电子控制装置。

气门正时也称为配气相位，指气门开始开启和关闭终了的时刻所对应的曲轴转角位置，可以简单地理解为气门开启和关闭的时刻。理论上，在进气行程中，活塞由上止点移至下止点时，进气门打开、排气门关闭；在排气行程中，活塞由下止点移至上止点时，进气门关闭、排气门打开。配气相位示意图如图1-3-17所示。

在实际的发动机工作中，为了增大气缸内的进气量，进气门需要提前开启、延迟关闭；同样地，为了使气缸内的废气排得更干净，排气门也需要提前开启、延迟关闭，这样才能保证发动机有效地运作。

发动机在高转速时，每个气缸在一个工作循环内，吸气和排气的时间是非常短的，要想达到高的充气效率，就必须延长气缸的吸气和排气时间，也就是要求增大气门的重叠角；而发动机在低转速时，过大的气门重叠角则容易使得废气倒灌，吸气量反而会下降，从而导致发动机怠速不稳，低速转矩偏低。

在传统发动机的配气机构中，气门驱动凸轮的形状、凸轮轴与曲轴的相对位置是固定的。固定的气门正时很难同时满足发动机高转速和低转速两种工况的需求，因此可变气门正时应运而生。可变气门正时可以根据发动机转速和工况的不同而进行调节，使得发动机在高、低速下都能获得理想的进、排气效率。

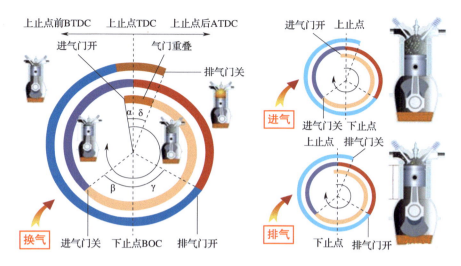

图 1-3-17 配气相位示意图

（2）可变气门控制系统的分类

可变气门可以按控制气门特性参数，按气门传动方式是否经过凸轮轴、气门摇臂、气门挺杆（液压挺柱）驱动及控制的传动部件分类。图 1-3-18 和图 1-3-19 所示分别为最常见的"改变气门正时"和"改变气门升程"的可变气门机构。

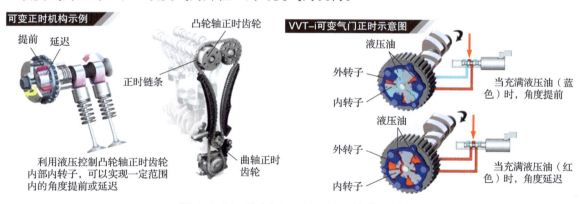

图 1-3-18 改变气门正时可变正时机构示例

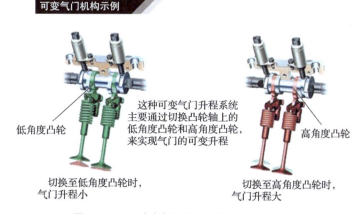

图 1-3-19 改变气门升程可变正时机构示例

（3）典型的可变气门控制系统

下面以丰田汽车的双 VVT-i（智能可变气门正时）系统为例，介绍可变气门系统结构组成和检测方法。

1）双 VVT-i 概述。丰田双 VVT-i 系统利用油压来调整凸轮轴转角气门正时进行优化，以提供适合发动机运转的最佳气门正时，从而增大所有转速范围内的转矩，提高燃油经济性并减少废气排放，其结构组成如图 1-3-20 所示。

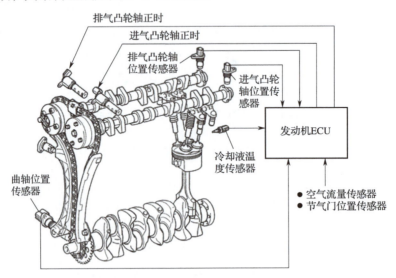

图 1-3-20　丰田双 VVT-i 结构组成

发动机 ECU 根据发动机转速、进气质量、节气门位置和冷却液温度计算各种行驶状况下的最佳气门正时，同时控制凸轮轴正时机油控制阀。此外，发动机 ECU 利用来自凸轮轴位置传感器和曲轴位置传感器的信号检测实际气门正时，以提供反馈控制来获得目标气门正时，其控制流程如图 1-3-21 所示。

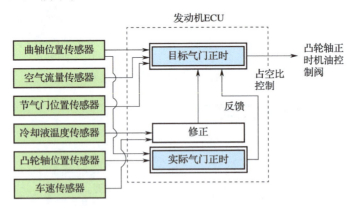

图 1-3-21　丰田双 VVT-i 控制流程

2）双 VVT-i 的结构组成。

① VVT-i 控制器。各控制器由受正时链条驱动的壳和与进气或排气凸轮轴结合在一起的叶片组成。

在进气和排气侧均有 4 个叶片。来自进气和排气凸轮轴的提前或延迟侧通道的机油压力使 VVT-i 控制器叶片按圆周方向旋转以持续改变进气和排气门正时。发动机停止时，锁销将进气凸轮轴锁止在最延迟端并将排气凸轮轴锁止在最提前端,以确保发动机正常起动。排气侧 VVT-i 控制器采用了提前辅助弹簧,发动机停止时,此弹簧在提前侧施加转矩,从而确保锁销的啮合。

图 1-3-22 所示为进气侧 VVT-i 控制器,图 1-3-23 所示为排气侧 VVT-i 控制器。

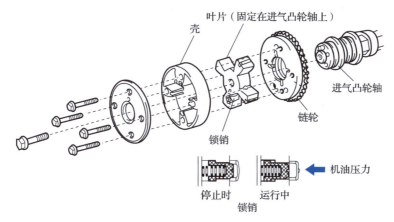

图 1-3-22 进气侧 VVT-i 控制器

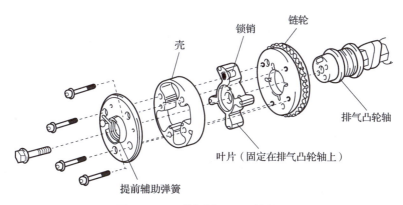

图 1-3-23 排气侧 VVT-i 控制器

②凸轮轴正时机油控制阀。凸轮轴正时机油控制阀根据来自发动机 ECU 的占空比控制滑阀,这样液压可以施加到 VVT-i 控制器的提前侧或延迟侧。发动机停机时,凸轮轴正时机油控制阀将处于最延迟位置。

图 1-3-24 所示为进气凸轮轴正时机油控制阀,图 1-3-25 所示为排气凸轮轴正时机油控制阀。

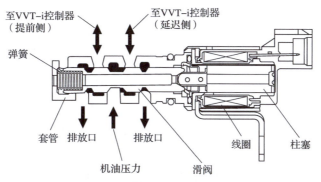

图 1-3-24 进气凸轮轴正时机油控制阀

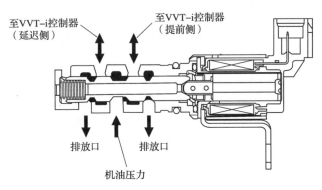

图 1-3-25 排气凸轮轴正时机油控制阀

3）双 VVT-i 的工作原理。

①正时提前。通过来自发动机 ECU 的提前信号将凸轮轴正时机油控制阀定位在正时提前位置时，机油压力施加到正时提前侧叶片室，使凸轮轴沿正时提前方向旋转。

图 1-3-26 所示为进气侧正时提前时的机油压力流向，图 1-3-27 是排气侧正时提前时的机油压力流向。

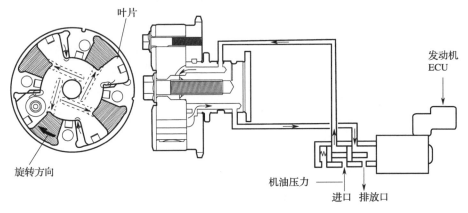

图 1-3-26 进气侧正时提前时的机油压力流向

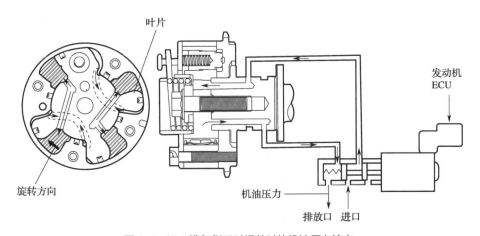

图 1-3-27 排气侧正时提前时的机油压力流向

②正时延迟。通过来自发动机 ECU 的延迟信号将凸轮轴正时机油控制阀定位在正时延迟位置时，发动机机油压力加到正时延迟侧叶片室，使凸轮轴沿正时延迟方向旋转。

图 1-3-28 所示为进气侧正时延迟时的机油压力流向，图 1-3-29 所示为排气侧正时延迟时的机油压力流向。

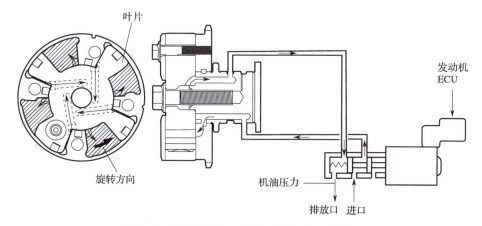

图 1-3-28 进气侧正时延迟时的机油压力流向

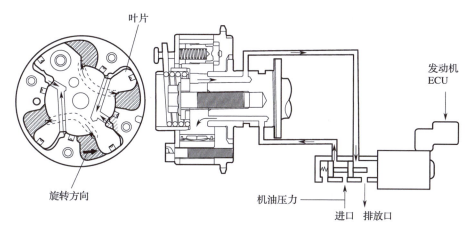

图 1-3-29 排气侧正时延迟时的机油压力流向

③正时保持。达到目标正时后，通过使凸轮轴正时机油控制阀保持在中间位置以保持气门正时，直至行驶状态改变，这样可将气门正时调节为所需的目标位置，并防止发动机机油在不必要时流出。

4）常见故障及原因。可变气门正时系统常见的故障原因如下。

①正时机构机械装配错误或机械部件损坏。这类故障通常出现在曾经拆装过气门正时机构以后，需要参照维修手册的拆装步骤，拆检可变气门正时机械机构。

②机油太脏而堵塞管道。使用劣质机油或者长期不更换机油，以及发动机温度过高等原因导致机油杂质过多，会堵塞油路而造成故障。需要清洁油路及更换机油。

③发动机 ECU 记忆故障码。通常是可变气门的凸轮轴正时机油控制阀及其控制电路故障，需要对控制阀和电路进行检测。

4. 可变进气管道控制系统的作用、结构与工作原理

（1）可变进气管道控制系统的作用

可变进气管道控制系统是利用进气惯性（波动）效应来增加发动机进气量。进气惯性效应是指利用进气行程时进气管内高速流动气体的惯性作用来提高充气效率的现象。由于进气

过程具有间歇性和周期性，致使进气歧管内产生一定幅度的压力波，此压力波以声速在进气系统内传播和往复反射。如果利用一定长度和直径的进气歧管与一定容积的谐振室组成谐振进气系统，并使其固有频率与气门的进气周期调谐，那么在特定的转速下，在进气门关闭之前，在进气歧管内会产生大幅度的压力波，使进气歧管的压力增高，从而增加进气量。

（2）可变进气管道控制系统的结构及工作原理

进气气流在进气管中的变化是非常复杂的。为了有效地利用进气动态效应、提高充气效率，有的车型发动机上采用了带有动力腔、谐振腔及各种结构形式的可变进气管道控制系统。

1）可变进气管道控制系统的结构。图1-3-30所示为奥迪汽车发动机各种类型可变进气系统的进气歧管外形。在发动机的进气歧管内设置转换阀，而转换阀的工作是通过电磁阀实现的，可在两个不同长度进气管之间进行切换，电磁阀由ECU控制。

图1-3-30　奥迪汽车发动机各种类型可变进气系统的进气歧管外形

2）可变进气管道控制系统的工作原理。为了实现大容量进气截面，可变进气管道系统采用双级式进气歧管，并通过转换阀开启/关闭改变进气管道的长度。

①当发动机转速低于4 000r/min（即要求发动机输出大转矩）时，转换阀关闭，如图1-3-31a所示，横截面积减小，进气歧管通道变长（进气道长约为705mm），利用进气惯性增压作用来增加充气量，提高转矩。图1-3-32所示为进气歧管通道变长，处于惯性增压状态的示意图。

a）转换阀关闭　　b）转换阀打开

图1-3-31　双级式进气歧管

②当发动机转速高于4 000r/min（即要求发动机输出大功率）时，转换阀打开，如图1-3-31b所示，横截面积增大，进气歧管通道变短（进气道长约为322mm），利用降低进气阻力来增加进气量，保持原设计功率。图1-3-33所示为进气歧管通道变短，处于保持原设计功率状态的示意图。

图1-3-32　进气歧管通道变长，　　图1-3-33　进气歧管通道变短，处于
处于惯性增压状态的示意图　　　　保持原设计功率状态的示意图

3）可变进气管道系统的控制过程。图1-3-34所示为可变进气管道电磁阀（进气歧管转换阀，N156）电路图，图1-3-35所示为可变进气管道的真空单元。发动机电子控制单元

J220（或J623）通过控制燃油泵继电器线圈搭铁，从而控制燃油泵继电器内触点开关的接通/断开状态，为可变进气管道电磁阀提供工作电源。

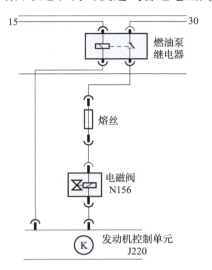

图1-3-34 可变进气管道电磁阀电路图

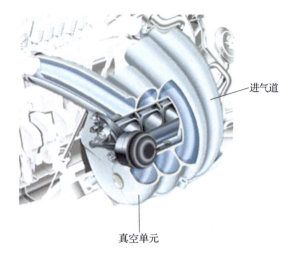

图1-3-35 可变进气管道的真空单元

当发动机起动后并以转速低于4 000r/min运转时，虽然燃油泵继电器内的触点开关接通，但发动机电子控制单元J220控制电磁阀N156使其不能形成搭铁回路，电磁阀N156不动作。此时，真空膜片室与大气接通，膜片不吸动，拉杆在膜片弹簧力作用下伸出，带动转换阀门关闭上通道，空气通过下通道经较长的轨迹进入气缸，进气歧管的空气流动具有较大的惯性，起到惯性增压作用，获得较大的转矩；当发动机转速高于4 000r/min时，发动机电子控制单元J220控制电磁阀N156形成搭铁回路，电磁阀N156动作，使真空膜片室与真空源接通，真空吸动膜片克服弹簧力，将拉杆退回，带动转换阀门转动，空气同时通过上、下通道经较短的路径进入气缸，进气阻力降低，发动机获得高速时较大的功率。

5. 进气增压控制系统的作用、结构与工作原理

（1）涡轮增压系统的作用

进气增压系统的主要作用就是提高发动机进气量，从而提高发动机的功率和转矩。发动机采用增压系统后，进气控制系统向气缸提供的空气比仅靠活塞自然吸入的空气更多，压力更高。当更多的空气被压入气缸时，发动机ECU必须增加燃油量以保持14.7∶1的空燃比，使发动机功率增大，适应高速、大功率要求，从而改善发动机的动力性。发动机装上增压器后，其最大功率与未装增压器的时候相比，可以增加40%甚至更高。增压技术已经成为提高发动机功率、改善发动机性能的重要手段。

进气增压系统有废气涡轮增压、机械增压、电动增压等类型。废气涡轮增压是最常用的一种增压技术。

废气涡轮增压（Turbo Boost），是一种利用发动机运作所产生的废气驱动空气压缩机的技术。它利用从发动机排气管排出的具有压力和较高温度的废气驱动涡轮机旋转，与涡轮同轴相连的泵轮便被带动旋转，如图1-3-36所示，将吸入的新鲜空气进行压缩后再进入发动机气缸内，从而在气缸体积不变的情况下达到增加气缸空气量的目的。如果车辆的车身尾部具有Turbo或者T的标志，即表明该车采用的发动机是涡轮增压发动机，例如奥迪A6的1.8T、帕萨特1.8T和大众TSI。

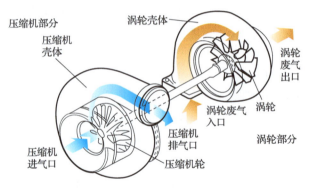

图 1-3-36 废气涡轮增压系统

(2) 废气涡轮增压组成和工作原理

图 1-3-37 所示为废气涡轮增压基本原理图。发动机工作时,由排气管排出的高温、高压废气流经增压器的涡轮壳,在废气进入涡轮壳时利用废气通道截面的变化(由大到小)来提高废气的流速,使高速流动的废气按一定的方向冲击涡轮,并带动压气机叶轮一起旋转。增压器转子的转速很高,每分钟上万转甚至数十万转。经空气滤清器滤清后的空气被吸入压气机壳,旋转的压气机叶轮将进入压气机壳的空气甩向叶轮边缘出气口,使空气的压力和流速升高,并利用压气机出气口处通道截面的变化(由小到大)进一步提高空气压力,增压后的空气经进气冷却器(中冷器)和进气管进入气缸。

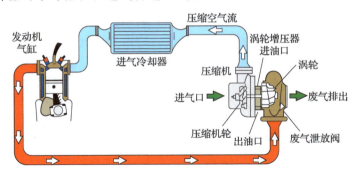

图 1-3-37 废气涡轮增压基本原理图

通过使用废气增压器可以得到较大的转矩,同时可以达到较高的发动机功率,这一切是通过吸入的空气被压缩实现的。由于空气被压缩,因此在每个吸气行程有更多的空气也就是更多的氧气进入燃烧室内,通过氧气供给量的提高可以得到更好的燃烧效果,同时功率也得以增加。

图 1-3-38 所示为增压器冷却效果图。发动机中的废气带有热量和动能,这些能量用于驱动涡轮增压器的废气涡轮机,废气经过这个过程丧失了部分能量并冷却下来。废气涡轮机驱动空气增压器,增压器压缩被吸入的气体,气体变热,因此浓度降低,在增压空气冷却器中被冷却,浓度也相应地增大。

图 1-3-39 所示为废气涡轮增压器的结构图。废气涡轮增压器主要由废气涡轮机和空气增压器两部分组成,废气涡轮机和空气增压器的叶轮安装在同一轴上;涡轮的进气口与发动机排气管相连,出气口与排气消声器相连;压气机的进气口前端装有空气滤清器,排气口则经中冷器与进气管相连。

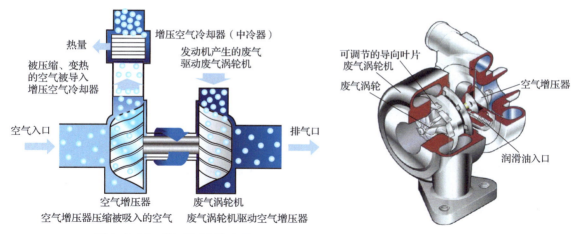

图 1-3-38 增压器冷却效果图

图 1-3-39 废气涡轮增压器的结构图

（3）控制增压压力的方法

增压器的增压压力取决于内部涡轮的转速，而在发动机转速和负荷一定时，废气涡轮增压器涡轮的转速与废气流经涡轮的速度有关。因此，改变废气流经涡轮的速度即可实现对增压压力的控制。

控制增压压力的方法主要有三种：旁通阀式、节流阀式和可调叶片式。旁通阀式增压控制是利用旁通阀，控制流经涡轮的废气量；节流阀式增压控制是利用节流阀，控制涡轮进气口流通截面；可调叶片式增压控制是利用可调叶片，控制涡轮受力有效截面。最终都是通过改变废气流经涡轮速度，实现对增压压力的控制。

1）旁通阀式增压压力控制。图 1-3-40 所示为旁通阀式增压压力控制系统。旁通管道的导通与关闭由旁通阀内部膜片两侧增压后的空气压力与大气压力的合力所决定。当增压后的空气压力大于大气压力时，膜片向下拱曲带动旁通阀阀芯向下移动，旁通管道逐渐由关闭向导通过渡，部分尾气直接经旁通管道排出，增压空气压力随废气涡轮机内涡轮转速下降而减小；当增压空气压力减小至小于大气压力时，膜片向上拱曲带动旁通阀阀芯向上移动，旁通管道逐渐由导通向关闭过渡，增压空气压力随废气涡轮机内的涡轮转速上升而增大。由此，增压空气压力始终在废气涡轮增压器设定的压力上下波动。

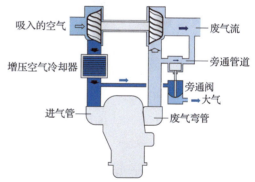

图 1-3-40 旁通阀式增压压力控制系统

2）节流阀式增压压力控制。图 1-3-41 所示为节流阀式增压压力控制装置。节流阀

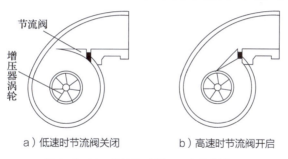

a）低速时节流阀关闭　　b）高速时节流阀开启

图 1-3-41 节流阀式增压压力控制装置

安装在增压器的涡轮进口处,当发动机低速运转时,节流阀关闭以减小涡轮进口截面,使废气流速加快,增压器转速提高,以避免低速运转时增压压力不足的现象。当发动机转速较高时,节流阀开启以增大涡轮进口截面,使废气流速减慢,以防止高速时增压器超速现象。

（4）可调叶片式增压压力控制

图 1-3-42 所示为可调叶片式涡轮增压器,图 1-3-43 所示为可调叶片式增压压力控制系统。调整环安装在增压器的涡轮壳上,与可调叶片和轴制成一体的叶片拨销位于调整环相应的卡槽内,叶片轴由支撑环支撑,调整环转动时,可通过相应的卡槽驱动叶片拨销和叶片一起转动,从而改变叶片角度。控制连杆通过调整环拨销控制相应的卡槽驱动调整环转动,控制连杆的转动则由 ECU 通过电磁阀和驱动气室来控制。控制电磁阀采用占空比控制型,但只有 4 个位置变化,相应的可调叶片也有 4 个角度位置,能够对废气涡轮增压器实现四级转换控制。

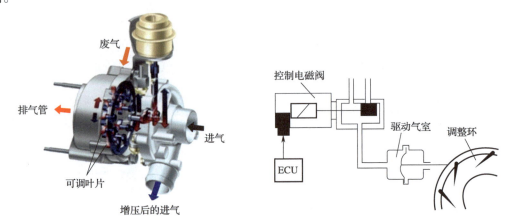

图 1-3-42　可调叶片式涡轮增压器　　图 1-3-43　可调叶片式增压压力控制系统

图 1-3-44 所示为可调叶片式增压压力控制原理图。发动机低速运转时,ECU 通过电磁阀和驱动气室控制调整环转动,使可调叶片角度减小。由于废气经过可调叶片流向涡轮时的通道截面变小,使废气流速加快,冲击涡轮叶片的外边缘,涡轮驱动力矩增大,废气涡轮增压器转速较高,从而使增压压力相对提高,如图 1-3-45 所示。反之,可调叶片角度增大时,增压压力则相对减小,如图 1-3-46 所示。

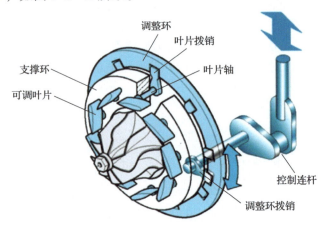

图 1-3-44　可调叶片式增压压力控制原理图

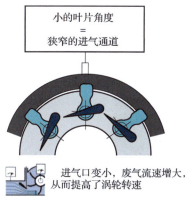
图 1-3-45 发动机低速运转时

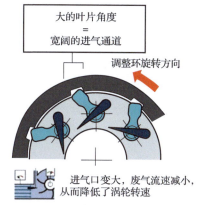
图 1-3-46 发动机高速运转时

二 基本技能

1. 怠速转速检查

根据以下步骤，分别进行电子节气门车型（大众迈腾）及传统步进电动机车型的怠速转速检查。

（1）检查条件

确定发动机达到以下条件。

1）冷却液温度为 80～95℃（运转发动机直到电子冷却风扇转后，发动机关闭）。

2）空调等附件关闭。

3）变速器 P/N 位。

4）转向盘正中。

（2）连接诊断仪

连接诊断仪，进入数据流功能，选择发动机转速、目标/设定转速、冷却液温度、节气门开度（电子节气门）、怠速步进电动机步数等项目。

（3）起动发动机

起动发动机，确认发动机到达工作温度，冷却液温度为 80～95℃（或电子冷却风扇转）。

（4）加速发动机

保持发动机转速 2 000～3 000r/min 的状态下运行 5s 以上。

（5）恢复怠速运转

发动机在怠速下运行 2min。

（6）读取怠速转速

读取数据流中的怠速转速。标准/目标怠速转速：（650±50）r/min（不同车型略有区别，参照维修手册）。如不符合规定值，则检查系统有否泄漏等其他故障。

2. 电子节气门控制系统检修

▶ 提示：加速踏板位置传感器和节气门位置（角度）传感器检测方法参见"项目三"相

关内容，以下只介绍节气门电动机（节气门执行器）检修方法。

（1）电子节气门总成（模块）电路图

以一汽-大众迈腾汽车为例，电子节气门总成（模块）外观如图1-3-47所示，其控制电路图如图1-3-48所示。

图1-3-47　电子节气门总成（模块）外观

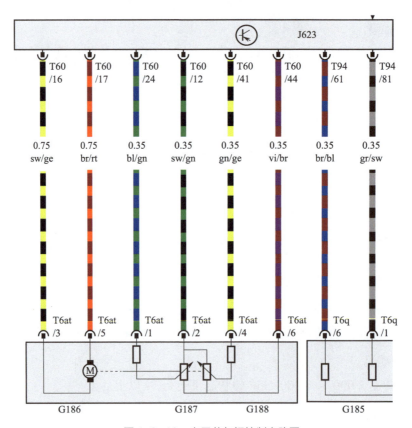

图1-3-48　电子节气门控制电路图

J623—发动机ECU　G186—节气门电动机　G187—节气门位置（角度）传感器1
G188—节气门位置（角度）传感器2　G185—加速踏板位置传感器（部分）

（2）就车检查节气门总成

1）检查节气门电动机的工作声音。将点火开关置于ON，踩下加速踏板时，电动机应会动作，如果电动机不动作，则检查电动机及控制电路。同时检查电动机的工作声音，确保电动机没有摩擦噪声，如果有任何摩擦噪声，则更换节气门总成。

2）检查节气门动作开度。连接诊断仪器，进入数据流，节气门全开时，检查节气门开度。标准节气门开度百分比：60%或更高。如果百分比小于60%，则更换节气门总成。

（3）节气门电动机电阻检测

用万用表检测节气门电动机的电阻，如图1-3-49所示。

图1-3-49　节气门电动机电阻检测

正常电阻值：20℃时，0.3～100Ω。

如果检测结果不正常，则更换节气门总成。

3.可变气门控制系统检修

（1）凸轮轴正时机油控制阀端子和控制电路图

以一汽丰田卡罗拉汽车为例，可变气门系统凸轮轴正时机油控制阀端子图如图1-3-50所示，其控制电路图如图1-3-51所示。

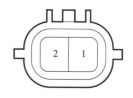

图1-3-50　可变气门系统凸轮轴正时机油控制阀端子图

端子1—电源端　端子2—控制端

图1-3-51　凸轮轴正时机油控制阀电路图

（2）可变气门控制系统就车检测

1）如果怀疑发动机异响、抖动等故障是可变正时系统引起的，可以拆下凸轮轴正时机油控制阀的插接器（图1-3-52），如果故障消失，则是可变气门控制系统的原因。

2）如果需要判断可变气门控制系统是否能工作，当发动机怠速运转时，将蓄电池正极（+B）加到端子1，负极（-）连接端子2，发动机会出现怠速不稳或失速及熄火的现象，说明可变气门控制系统正常工作。

➤ **注意**：通电时间不宜太长，3~5s即可，否则可能损坏控制阀。

图1-3-52　拆下凸轮轴正时机油控制阀插接器

（3）凸轮轴正时机油控制阀电阻检测

拆下凸轮轴正时机油控制阀，测量凸轮轴正时机油控制阀端子间的电阻，如图 1-3-53 所示。

正常阻值：20℃时，6.9~7.9Ω。

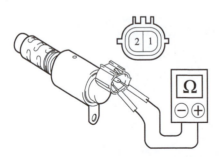
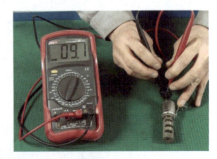

图 1-3-53 凸轮轴正时机油控制阀电阻检测

（4）凸轮轴正时机油控制阀动作测试

凸轮轴正时机油控制阀电阻是否正常，并不能完全确定其正常或损坏，需要直接动作测试。

将蓄电池正极电压施加到端子 1，负极电压施加到端子 2，正常状态下 OCV 迅速移动，如图 1-3-54 所示。如果检测结果异常，则更换凸轮轴正时控制阀总成。

4. 可变进气管道控制系统检修

可变进气管道控制系统失效以后保持长进气通道状态，因而使油耗增加，发动机高转速时功率降低。

图 1-3-54 凸轮轴正时机油控制阀动作测试

（1）可变进气管道电磁阀及控制电路故障

可变进气管道电磁阀可能会出现线圈短路、阀芯卡滞和通气口堵塞等故障。控制电路可能出现断路、短路、接触不良和接触电阻过大等故障。图 1-3-55 所示为可变进气管道电磁阀及真空罐，图 1-3-56 所示为可变进气管道电磁阀的结构示意图。电磁阀及控制电路的检查方法如下。

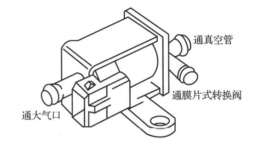

图 1-3-55 可变进气管道系统电磁阀及真空罐　　图 1-3-56 可变进气管道电磁阀的结构示意图

1）检查电磁阀线圈的阻值，应该符合规定。否则，更换电磁阀。

正常电阻值：25~35Ω。

2）在断电状态下，用压缩空气从电磁阀的通大气口处吹入，空气应不能通过；用压缩空气从电磁阀的通真空口处吹入，空气应该从通膜片式转换阀的接口处流出。否则，更换电磁阀。

3）在通电状态下，用压缩空气从电磁阀的通大气口处吹入，空气应该从通膜片式转换阀的接口处流出；用压缩空气从电磁阀的通真空管处吹，空气应该不能通过。否则，更换电磁阀。

（2）可变进气管道膜片转换阀及真空管路故障

膜片转换阀（图1-3-57）可能会出现膜片破裂、拉杆变形等故障；真空管路可能会出现泄漏和堵塞等故障。

膜片式转换阀的检查：

1）用手拉动膜片室的拉杆，检查膜片式转换阀是否有卡死、变形等现象。

2）检查真空管连接是否完好，检查膜片室的密封性。在急加速或高转速（4 000r/min以上）时，观察真空膜片室

图1-3-57 可变进气管道膜片转换阀

是否吸动。也可以用手动真空泵连接到膜片式转换阀的膜片室，并施加真空到一定的值，然后观察在一定的时间真空度的变化情况。如果真空度下降，则说明存在泄漏，需要更换膜片式转换阀。

（3）机械故障

可变进气管道控制系统可能会出现因积炭产生阀门关闭不严或不能开启等故障，应清除积炭。

5. 进气增压控制系统检修

> **提示：** 以大众汽车废气涡轮增压系统为例。

（1）基本检查

1）在分解或连接部件之前，对连接件及其周围进行彻底清洁，清洁时不要使用掉纱的抹布，部件必须保持清洁才能安装。

2）检查废气涡轮增压器的涡轮壳，应无因过热、咬合、变形或其他损伤而产生的裂纹，否则应更换废气涡轮增压器。

3）检查涡轮油孔，应无淤积和堵塞。

4）检查废气涡轮增压装置的进油管和回油管，应无堵塞、压瘪、变形或其他损坏。

5）检查废气涡轮增压器，应不漏机油。

6）检查安装在活性炭罐和废气涡轮增压器前部进气软管之间的活性炭罐单向阀、制动助力器和进气歧管之间的单向阀，应安装正确，上面的箭头应指向导通方向。

7）检查所有的管路，应连接牢固，无泄漏、老化等。

8）在废气涡轮增压器安装完成之后使发动机怠速转速运行约1min，以此来使涡轮增压器的润滑油供应稳定下来。

（2）增压最高压力测试

将变速器档位换入3档，在发动机转速为2 000r/min时以节气门全开进行加速，观察仪表板上的发动机转速表。在发动机转速约为2 500r/min时，压力表上显示的值应为1.600~1.700bar（160~170kPa），诊断仪器上显示数据块115的显示区4上显示的数据为

1.600~1.700bar。当增压压力过高时，ECU将切断发动机的燃油供给，以保护发动机。

增压压力过低的可能原因有增压压力限制电磁阀（N75）损坏、接增压压力限制电磁阀的管路损坏、涡轮增压器内增压压力调节阀卡在打开位置、涡轮增压器与进气歧管之间漏气、机械式空气再循环阀损坏、涡轮增压器空气再循环阀（N249）损坏、涡轮增压器损坏。

增压压力过高的可能原因有增压压力调节阀压力单元损坏、增压压力控制单元软管（通过增压压力限制电磁阀）漏气、涡轮增压器内的增压压力调节阀卡在关闭位置。

（3）各部件检查方法

1）检查机械式空气再循环阀。机械式空气再循环阀装在涡轮增压器前面，在通过增压器空气再循环阀的真空控制下，在发动机超速切断、急速及部分负荷时打开，使节气门前面存在的增压压力卸压，涡轮增压器保持在较高的转速。一般在发动机功率不足或有负荷变化冲击时，应检查机械式空气再循环阀。

检查方法（图1-3-58）：将手动真空泵（V.A.G 1390）插到空气再循环阀上，操纵手动真空泵，空气再循环阀应打开（箭头方向）30s后，操纵真空泵通风阀，空气再循环阀应关闭。

如果空气再循环阀没有打开或关闭，或阀门封闭不严，则更换空气再循环阀，用软管卡箍固定软管接头。

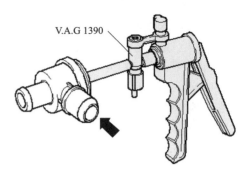

图1-3-58 检查机械式空气再循环阀

2）涡轮增压器空气再循环阀。从增压控制电磁阀上拆下软管，接上辅助软管，起动执行部件诊断，并触发增压控制电磁阀。电磁阀将发出咔嚓响，并打开和关闭（通过向辅助软管吹气检查）。如果电磁阀无咔嚓声，则应对增压压力控制电磁阀进行电气检查。当没有电信号时，电磁阀常闭。如电磁阀有咔嚓声，但不正常地打开和关闭，则应更新增压控制电磁阀。

图1-3-59所示为涡轮增压器空气再循环阀的安装位置。拔下涡轮增压器空气再循环阀的导线插接器，检查其电阻（图1-3-60）所示，用万用表在涡轮增压器空气再循环控制阀侧导线插接器处检查涡轮增压器空气再循环阀的电阻，其值应为27~30Ω。

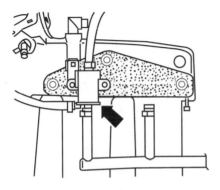

图1-3-59 涡轮增压器空气再循环阀安装位置

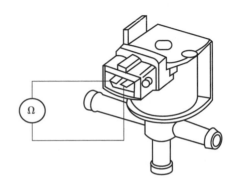

图1-3-60 检查增压器空气再循环阀的电阻

3）增压压力限制电磁阀。增压压力限制电磁阀的检修过程和方法与涡轮增压器空气再循环阀的检修过程和方法完全一样，只是增压压力限制电磁阀的电阻为23~35Ω。

4）增压压力传感器。图1-3-61所示为增压压力传感器的安装位置，图1-3-62所示为其电路图。插上增压压力传感器导线插接器,用万用表电压档测量增压压力传感器导线插接器信号端子和搭铁端子之间的电压。发动机怠速运转时,信号电压值约为 1.90V;发动机急加速时,信号电压值为 2.00~3.00V,如果不正常,则应检查供电及搭铁。方法如下:将万用表正、负表笔接到插接器端子 1 和 3 之间,接通点火开关,规定值为约 5V。

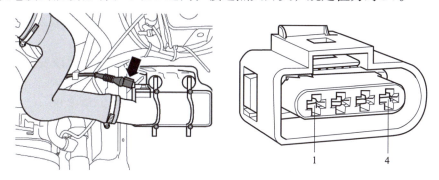

图 1-3-61 增压压力传感器的安装位置

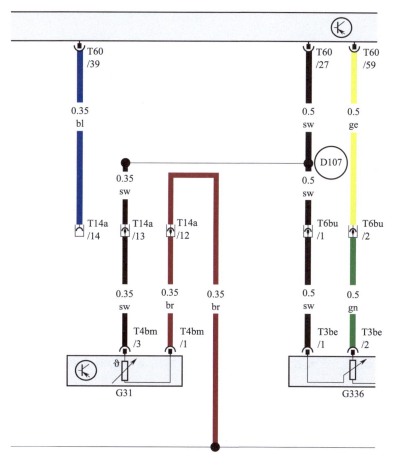

图 1-3-62 增压压力传感器 G31 电路图

（4）增压控制检查

1）选择诊断仪器"读取测量数据块"（功能 08）及显示数据块（数据流）25,屏幕显示（图 1-3-63）。

```
读取测量数据块25
7.4ms        7.1ms        7.05ms        60%
```

图 1-3-63　增压控制数据块

2）全负荷（节气门全开）进行路试，发动机转速为 4 000r/min 时查看显示区 4（增压控制电磁阀的占空比）。

3）显示区域 4 的规定值为 5%～95%。如没有达到规定值，则通过改变发动机速度使占空比在规定值范围内。

4）查看显示区 2（经校正的发动机规定负荷），其规定值为 0.00~8.00ms。

5）查看显示区 3（发动机实际负荷），其规定值与显示区 2 中经校正的发动机规定负荷相同（公差为 ± 0.3ms）。

发动机实际负荷超出公差范围，可能是下列故障造成的：增压控制电磁阀有电气故障；增压控制系统的软管松动、漏气或阻塞；增压控制电磁阀 N75 阻塞；涡轮增压器与进气歧管之间有漏气之处；旁通阀机构发卡或不灵活；涡轮增压器损坏（涡轮被异物卡死）。

任务四　点火控制系统结构原理与检修

➡ 情境导入

情境描述

一辆一汽－大众迈腾 B7，装备 CEA 汽油电控发动机，在怠速时发动机有抖动现象，初步检查怀疑是点火控制系统故障。你的主管把检修任务分配给你，你能完成吗？

情境提示

点火控制系统是汽油机重要的控制系统，关系到发动机能否正常工作。一般，车辆抖动主要的故障原因是某缸缺火或者缺油。因此要先从点火控制系统进行检查。要完成这个任务，除了对电控发动机点火控制系统有完整的认知外，还需要学会点火控制系统的检修方法，才能进行下一步的工作。

本情境中，发动机抖动，点火控制系统是最常见的故障原因之一。火花塞、高压线、点火线圈都可能发生故障。点火控制系统类型复杂，不同类型的点火控制系统检修方法有区别，检修时注意分辨。

➡ 学习目标

知识目标

1）能描述点火控制系统的作用、基本要求和分类。
2）能描述发动机电子控制单元点火控制系统的结构组成。
3）能描述发动机电子控制单元点火控制系统的工作原理。
4）能描述发动机电子控制单元控制点火控制系统的检修要点。

技能目标

1）能识别汽油机点火控制系统的组成部件。
2）能进行各种类型点火线圈的检测。

一 基本知识

1. 点火控制系统的概述

（1）点火控制系统的作用

汽油机要有效工作必须满足以下条件：足够的压缩比，适当的混合比，准确而强大的点火正时。

点火控制系统的作用是在发动机各种工况和使用条件下，在气缸内适时、准确、可靠地产生电火花，以点燃可燃混合气。

（2）点火控制系统的基本要求

点火控制系统应在发动机各种工况和使用条件下保证准确地点燃气缸内的可燃混合气。为此点火控制系统应满足以下基本要求。

1）能产生足以击穿火花塞两电极间隙的电压。使火花塞两电极之间的间隙击穿并产生电火花所需要的电压，称为火花塞击穿电压。火花塞击穿电压的大小与电极之间的距离（火花塞间隙）、气缸内的压力和温度、电极的温度、发动机的工作状况等因素有关。试验表明，发动机正常运行时，火花塞的击穿电压为 7~8kV，发动机冷起动时达 19kV。为了使发动机在不同的工况下均能可靠地点火，一般要求火花塞击穿电压在 15~20kV。

2）电火花应具有足够的点火能量。为了使混合气可靠点燃，火花塞产生的火花应具备一定的能量。发动机工作时，由于混合气压缩时的温度接近自燃温度，因此所需的火花能量较小（1~5MJ），传统点火控制系统的火花能量（15~50MJ），足以点燃混合气。但在起动、急速以及突然加速时需要较高的点火能量。为保证可靠点火，一般应保证 50~80MJ 的点火能量，起动时应能产生大于 100MJ 的点火能量。

3）点火时刻应与发动机的工作状况相适应。首先，发动机的点火时刻应满足发动机工作循环的要求；其次，可燃混合气在气缸内从开始点火到完全燃烧需要一定的时间（千分之几秒），因此要使发动机产生最大的功率，则要求在压缩行程终了（上止点）时适当地提前一个角度点火。当活塞到达上止点时，混合气已接近充分燃烧，发动机才能发出最大功率。

4）点火控制系统的部件应持久耐用。如果点火控制系统发生故障，那么发动机就会工作不良甚至停止运转。因此，点火控制系统必须非常可靠，才能经受发动机的振动和高温以及点火控制系统本身的高电压。

（3）点火控制系统的分类

发动机的点火控制系统，按其组成和产生高压电方式的不同可分为传统点火控制系统、电子点火控制系统、控制单元（ECU）控制点火控制系统（也称为微机控制点火控制系统或计算机控制点火控制系统）。

1）传统点火控制系统。传统点火控制系统（图1-4-1）通过点火线圈和断电器将电源提供的低压电升压为高压电，再由分电器分配到各缸火花塞，使火花塞两电极之间产生电火花，点燃可燃混合气。传统点火控制系统由于存在高速时工作不可靠、产生的高压电比较低、使用过程中需经常检查和维护等缺点，在20世纪90年代中期已经被淘汰。

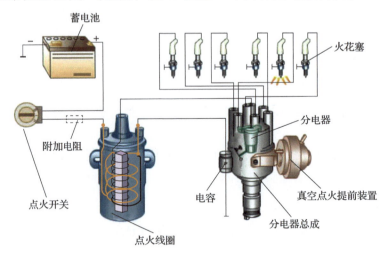

图1-4-1 传统点火控制系统

2）电子点火控制系统。电子点火控制系统（图1-4-2），通过点火线圈和由半导体器件（晶体管）组成的点火控制器将电源提供的低压电升压为高压电，再通过分电器分配到各缸火花塞，使火花塞两电极之间产生电火花，从而点燃可燃混合气。与传统点火控制系统相比，电子点火控制系统具有点火可靠、使用方便等特点，但点火正时调整不够精确，目前只在极少数老旧车型上使用。

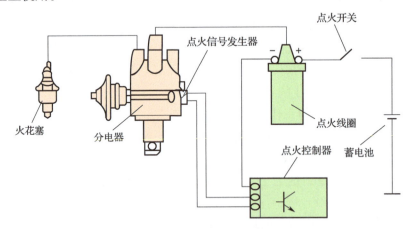

图1-4-2 电子点火控制系统

3）发动机电子控制单元控制点火控制系统。发动机电子控制单元控制点火控制系统（图1-4-3）也是通过点火线圈将电源的低压电升压为高压电，再由分电器或点火线圈将高压电分配到各缸火花塞。但该种点火控制系统由发动机电子控制单元根据各种传感器提供的发动机工况信息，发出点火控制信号，控制点火时刻。它还可以取消分电器，采用多个点火线圈，由发动机电子控制单元直接控制各点火线圈依次产生高压电，分别对应各缸火花塞实现点火控制。

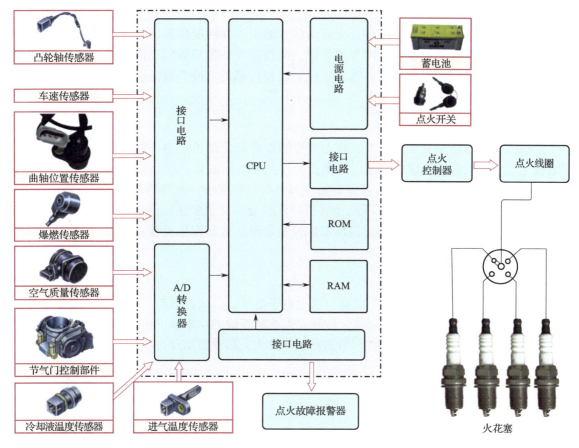

图 1-4-3　发动机电子控制单元控制点火控制系统

发动机电子控制单元控制点火控制系统根据发动机各种负荷状况，控制最佳的点火提前角，使发动机的输出功率、经济性、加速性和废气排放等都达到最理想的状态，而且感应出的电压不会随着转速的增加而降低。

发动机电子控制单元控制点火控制系统应用广泛并得到快速发展，其改善主要体现在点火线圈的类型上：由传统的一个点火线圈供给各缸跳火电压，发展到一个点火线圈供给两缸跳火电压，再发展到一个点火线圈只供给单缸的跳火电压，甚至有些车型（如广州本田飞度FIT、奔驰等车型）一个气缸采用两个点火线圈。

2. 点火控制系统的结构组成

由于传统点火控制系统、电子点火控制系统已经淘汰，下面只介绍发动机电子控制单元控制点火控制系统的组成。

发动机电子控制单元控制点火控制系统主要由电源（蓄电池和发电机）、点火开关、传感器和控制开关、电子控制单元（ECU）、点火控制模块、点火线圈以及火花塞等部件组成。

（1）电源

电源用于供给点火控制系统所需的电能，由蓄电池和发电机提供。

（2）点火开关

点火开关用于控制点火控制系统的初级电路接通/断开。

(3) 传感器和控制开关

传感器信号主要是用来检测与点火有关的发动机工作状况信息,并将检测结果输入控制单元,以此作为计算和控制点火时刻的依据;而控制开关信号则用于修正点火提前角。传感器和控制开关主要包括空气流量传感器、曲轴位置传感器、冷却液温度传感器、节气门位置传感器、车速传感器、空调开关和空档起动开关等。

(4) 电子控制单元(ECU)

发动机电子控制单元(ECU)控制点火控制系统是发动机集中控制系统的一个子系统,ECU既是燃油喷射控制系统的核心,也是点火控制系统的核心。

在ECU的只读存储器中,除存储有监控和自检等程序外,还存储有该型号发动机在各种工况下的最佳点火提前角。ECU不断接收各种传感器和开关发送的信号,并按预先编制的程序进行计算和判断后,向点火控制模块发出控制信号,从而实现最佳点火提前角和点火时刻的最佳控制。

(5) 点火控制模块

点火控制模块根据结构和功能又称为点火电子组件、点火控制器或功率放大器,是发动机电子控制单元控制点火控制系统的功率输出极,它接收ECU输出的点火控制信号并进行功率放大,以便驱动点火线圈工作。

根据车型的不同,点火控制模块可能独立安装、集成在点火线圈内部或集成在ECU内部。

(6) 点火线圈

将电源12V的低压电转变成15~20kV的高压电。

(7) 火花塞

点火线圈次级绕组产生的高压电在火花塞的中心电极和搭铁电极之间放电,产生电火花,点燃混合气。火花塞结构如图1-4-4所示。

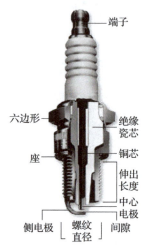

图1-4-4 火花塞结构

3. 汽油机电子控制单元点火控制系统的工作原理

(1) 点火提前角的控制

1) 点火提前角及其影响因素。最佳的点火提前角不仅要保证发动机的动力性和燃油经济性都达到最佳,还必须保证排放污染最小。混合气在气缸内燃烧,当最高燃烧压力出现在上止点后10°左右时,发动机的输出功率最大。

气缸压力与点火时刻的关系如图1-4-5所示。图中曲线 A 是气缸内混合气不燃烧时的压力波形,以上止点为中心左右对称。曲线 B、C、D 分别是不同点火时刻的燃烧压力波形。在 c 时刻点火,燃烧压力做功最多(阴影部分)。在 b 时刻点火,最大燃烧压力最高,但发生了锯齿波形的爆燃。

最佳点火提前角除了与发动机的转速和进气歧管绝对压力(负荷)有关之外,还与发动机燃烧室形状、燃烧室内温度、空燃比、燃油辛烷值、大气压力、冷却液温度等因素有关。当采用电子控制单元控制点火控制系统时,发动机在各种工况和运行条件下,都可能提供理想的点火提前角,因此发动机的动力性、经济性和排放都可以达到最佳。

2) 点火提前角的计算。在发动机正常运行时,点火提前角的计算方式如图1-4-6所示。

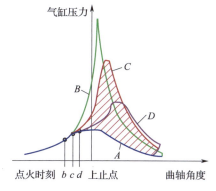

图 1-4-5　气缸压力与点火时刻的关系

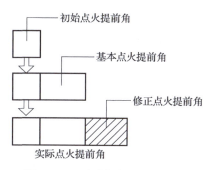

图 1-4-6　点火提前角的计算方式

实际点火提前角 = 初始提前角 + 基本点火提前角 + 修正点火提前角（或延迟角）

① 初始提前角。在起动期间，发动机转速较低（通常在 500r/min 以下），由于进气歧管压力信号或进气量信号不稳定，点火时间固定在初始点火提前角。此时的控制信号主要是发动机转速信号和起动（STA）信号。

② 基本点火提前角。在正常运行工况运行时，ECU 根据进气歧管压力信号（或进气量信号）、发动机转速信号、节气门位置信号、空调开关信号、爆燃信号等确定基本点火提前角。

③ 点火提前角的修正。ECU 根据发动机冷却液温度、怠速转速稳定性、空燃比反馈做出点火提前角的修正。

3）通电时间的控制。当点火线圈的初级电路接通后，其初级电流是按指数规律增长的。初级电路断开瞬间，初级电流所能达到的值（即断开电流）与初级电路接通的时间长短有关，只有通电时间达到一定值时，初级电流才可能达到饱和。而次级电压最大值与断开电流成正比。因此必须保证通电时间能使初级电流达到饱和。若通电时间过长，则点火线圈会发热并使电能消耗增大。因此要控制最佳通电时间，兼顾上述两方面的要求。同时，蓄电池的电压变化也影响初级电流。蓄电池电压下降，在相同的通电时间里，初级电流所达到的值将减小，因此必须对通电时间进行修正。图 1-4-7 所示为蓄电池电压与通电时间的修正曲线。

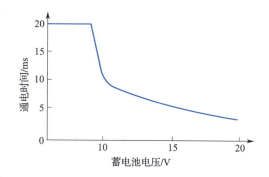

图 1-4-7　蓄电池电压与通电时间的修正曲线

4）爆燃控制。爆燃是汽油机运行中最有害的一种混合气不正常燃烧现象。若发动机持续产生爆燃现象，火花塞电极或活塞可能产生过热、熔损，造成严重故障，因此必须防止爆燃的产生。

存储在 ECU 内的发动机不同工况下的最佳点火提前角是根据发动机台架试验的结果，再按照预定的准则，对燃油消耗、转矩、排放、爆燃倾向以及其他行驶性能等进行优化后确定的。它只能代表这种发动机的一般情况。制造加工上的误差或使用劣质燃油以及发动机磨损等原因，都会使个别发动机对点火提前角的实际要求偏离这种点火特性。这时，若仍按这一点火来控制点火提前角，就会使发动机因点火过早或过迟而产生爆燃或造成动力下降、加速性变差。

解决上述问题，可采用带有反馈控制功能的点火提前控制系统。这种控制系统是在缸体或靠近燃烧室的地方安装一个爆燃传感器。它能将发动机爆燃时产生的压力波转变成电信号输送给 ECU；ECU 中的点火提前角反馈控制电路根据爆燃传感器传来的反馈信号来调整点火提前角，以保证在任何工况下的点火提前角都处于接近发生爆燃的最佳角度。

爆燃控制的方法：爆燃传感器安装在气缸体上，利用压电晶体的压电效应，把爆燃传到气缸体上的机械振动转换成电信号输入 ECU，ECU 把爆燃传感器输出信号进行滤波处理并判定有无爆燃及爆燃强度的强弱，推迟点火时间。每次调整都以一固定的角度递减，直到爆燃消失为止。而后又以一固定的角度提前，当发动机再次出现爆燃时，ECU 又使点火提前角再次推迟，调整过程如此反复进行。

（2）点火顺序确定

发动机的点火需要按发动机的工作顺序来确定，如果顺序错乱，那么发动机就会抖动甚至无法起动。下面介绍不同类型发动机的点火顺序。

1）直列发动机。一般情况下，靠近曲轴带轮最前端为 1 缸。直列 4 缸发动机点火顺序为 1-3-4-2，直列 6 缸发动机点火顺序为 1-5-3-6-2-4，如图 1-4-8 所示。

2）V 形发动机。V 形 6 缸发动机气缸的位置如图 1-4-9 所示，V 形 6 缸发动机点火顺序为 1-2-3-4-5-6。V 形发动机有 6、8、12 缸等，比较复杂，实际点火顺序请参照相关车型的维修手册。

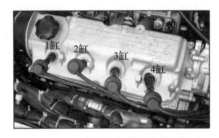
图 1-4-8 直列 4 缸发动机排列顺序

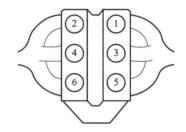
图 1-4-9 V 形发动机排列顺序

（3）发动机电子控制单元控制点火控制系统的控制方式

发动机电子控制单元控制点火控制系统中，根据是否保留分电器，分为有分电器点火控制系统和无分电器点火控制系统。由于汽车技术的快速发展，有分电器点火控制系统已经淘汰，目前的电控汽油机都采用无分电器点火控制系统。

无分电器点火方式常用 DLI（Distributor-less Ignitor）表示，又分为双缸同时点火方式和单缸独立点火方式。

1）双缸同时点火方式。如图 1-4-10 所示，该点火控制系统中的点火线圈直接与火花塞连接，点火线圈的次级绕组有两个高压输出端，次级绕组利用高压线将两个气缸的火花塞，

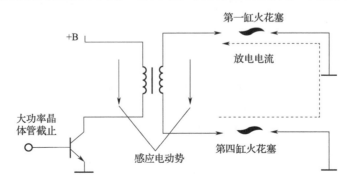
图 1-4-10 两个气缸同时点火放电电路

通过它们的搭铁点串联成一个闭合回路，一个点火线圈产生的高压电可以向两个气缸的火花塞提供。

点火线圈对处于压缩行程上止点和排气上止点，两个气缸同时点火，例如，对1、4缸进行同时点火，第1缸压缩上止点时，第4缸则是排气上止点，此时第1缸是有效点火（点燃混合气体），第4缸则是空火，即无效点火，由于第4缸里的压力比第1缸低得多，只需很少的放电能量就能保证高压电通过。曲轴转过360°后，情况正好相反，第4缸是有效点火，第1缸是空火。同时点火控制系统中点火线圈的内部结构如图1-4-11所示，别克君威3.0L点火线圈的实物和安装位置如图1-4-12所示。同时点火只适合气缸数为偶数的发动机，即4、6、8个气缸时才能采用。

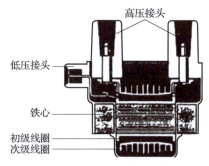 

图1-4-11 同时点火方式点火线圈内部结构　　图1-4-12 别克君威3.0L点火线圈的实物和安装位置

2）单缸独立点火方式。单缸独立点火方式也称为独立点火方式。这种方式是一个火花塞上配一个点火线圈，因此称其为集成式火花塞，或单火花点火线圈，其内部结构如图1-4-13a所示，别克君越汽车点火线圈安装位置如图1-4-13b所示。

该点火控制系统中，点火线圈、火花塞及控制用的功率管数目是一致的，点火线圈产生的高压电单独地直接向每个气缸点火。

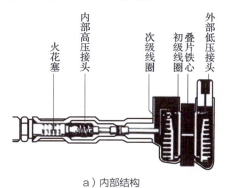 

a）内部结构　　b）别克君越汽车点火线圈安装位置

图1-4-13 单缸独立点火式点火线圈

4. 发动机电子控制单元控制点火控制系统的检修要点

点火控制系统的检修除了火花塞检查与更换、高压火花测试、点火顺序的确定外，最重要的是进行各种点火控制类型的点火线圈和点火模块检测。

（1）控制类型一：根据点火线圈控制的气缸数进行检修

图1-4-14所示为点火控制系统的控制过程。点火控制系统相关的主要传感器，如曲轴位置传感器（CKP）、凸轮轴位置传感器（CMP）和爆燃传感器（KS）将信号发送到ECU，

ECU 经过综合计算点火提前角后，控制点火线圈点火。

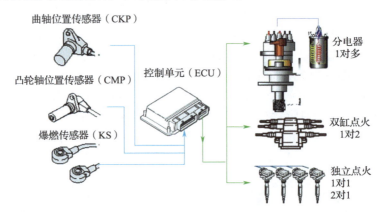

图 1-4-14 点火控制系统的控制过程

从点火控制过程可以分析，如果点火控制系统故障，首先要确认 ECU 有没有发送正确的信号到点火线圈，如果有正确信号，则故障在点火线圈；如果没有信号或信号错误，问题出在 ECU，但是否是 ECU 故障，应确认点火相关的传感器，如曲轴位置传感器、凸轮轴位置传感器和爆燃传感器等是否给 ECU 发送正确信号（首先应确保发动机正时装配及机械部分正常）。

1）对于早期分电器的车型，点火线圈采用"1对多"的方式，即 1 个点火线圈对应多个气缸。这种类型的点火线圈如果损坏了，所有缸都不工作。

2）对于双缸点火车型，点火线圈采用"1对2"的方式，即 1 个点火线圈对应 2 个气缸，这种类型的点火线圈如果损坏了，则对应的两个缸都不工作或工作不良。

3）对于单缸独立点火车型，点火线圈采用"1对1"的方式，即 1 个点火线圈对应 1 个气缸（少数车型 2 个点火线圈对应 1 个缸，根据工况同时点火或错开角度点火，利于混合气燃烧）。这种类型的点火线圈损坏了只是影响到 1 个气缸，检修时利用点火线圈互换的方式，很容易判断出故障。

（2）控制类型二：根据是否有点火模块进行检修

有的车型有单独的点火模块（ICM），特别是采用双缸点火或独立点火的车型，点火线圈通常和 ICM 集成为一体，ECU 点火信号发送到 ICM，由 ICM 控制点火线圈点火。对于包含有点火模块的点火线圈，检修时应特别注意接线端子的含义及信号类型。

图 1-4-15 所示为上汽通用别克君威的点火模块（点火线圈的底座），图 1-4-16 所示为大众汽车的点火模块和点火线圈总成（上部为点火模块）。

图 1-4-15 别克君威的点火模块　　　图 1-4-16 大众汽车的点火模块和点火线圈

（3）控制类型三：根据是否有外接高压线进行检修

独立点火的点火线圈，没有外接高压线。另外，也有少数车型虽然采用双点火，但一个缸直接连接火花塞，没有外接的高压线。图1-4-17所示为博世公司的点火控制系统。

对于无外接高压线点火线圈的检修，方法和其他的基本相同。

图1-4-17 博世公司的点火控制系统

二 基本技能

以下介绍点火线圈（含点火模块）的检修方法，由于分电器点火控制系统已经淘汰，只介绍独立点火线圈和双点火线圈的检测方法。

1. 独立点火线圈检测（丰田）

以丰田汽车的独立点火线圈为例，点火模块与点火线圈集成为一体，不带外接的点火高压线（为内置高压线）。独立点火线圈内部包含点火模块和功率晶体管，检测时无须测量线圈电阻（无短路、开路则正常）。

（1）点火线圈端子识别

丰田汽车的点火线圈（模块）端子如图1-4-18所示，1号端子+B为蓄电池电源，2号端子为点火确认信号（点火模块到发动机ECU反馈点火完成的信号，无此信号ECU认为点火没完成而切断喷油信号），3号端子IGT为ECU控制点火信号，4号端子GND为搭铁线。

 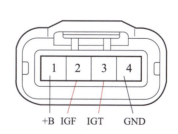

图1-4-18 丰田汽车点火线圈（模块）端子

（2）供电电源的检测

如图1-4-19所示，用万用表测量点火线圈1号端子的电压，点火开关置于ON或发动机运转时，电压为蓄电池电源（12V左右）。4号端子为搭铁线，电压为0V。

（3）点火控制信号和确认信号电压的检测

如图1-4-20所示，用万用表测量2号端子（IGF）和3号端子（IGT）的电压，在发动机运转时，能测到信号电压变化。

图 1-4-19　点火线圈供电电压

图 1-4-20　点火控制信号和确认信号电压

（4）点火控制信号和确认信号波形的检测

用示波器测量 IGT 和 IGF 波形，发动机运转时，2 号端子 IGF、3 号端子 IGT 端子有波形产生，其标准波形如图 1-4-21 所示。

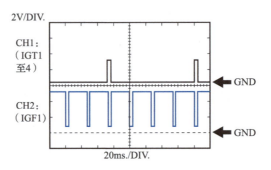

图 1-4-21　IGT 和 IGF 的标准波形

2. 独立点火线圈检测（大众）

（1）点火线圈端子识别

以一汽-大众迈腾汽车为例，独立点火线圈（模块，代号 N70）端子（代号 T4bd）如图 1-4-22 所示。

（2）供电电源的检测

用万用表测量点火线圈 3 号端子的电压，点火开关置于 ON 或发动机运转时，电压为蓄电池电源（12V 左右）。1 号和 2 号端子为搭铁线，电压为 0V。

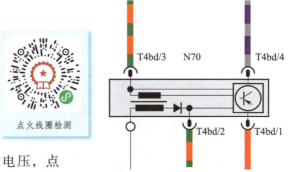

图 1-4-22　一汽-大众迈腾汽车点火线圈端子
端子 1—搭铁 1　端子 2—搭铁（内置功率管搭铁）2
端子 3—电源（+12V）　端子 4—点火控制线

（3）点火控制信号电压的检测

用万用表测量 4 号端子的电压，在发动机运转时，能测到信号电压变化。

3. 双点火线圈检测

（1）点火线圈端子识别

以德尔福电控系统的双点火类型的点火线圈为例，其外形如图 1-4-23 所示，其电路如

图 1-4-24 所示，线束插接器有 A、B、C 三个端子。

（2）供电电源的检测

用万用表测量点火线圈 B 端子的电压，点火开关置于 ON 或发动机运转时，电压为蓄电池电源（12V 左右）。点火线圈通过固定螺栓与车身搭铁。

（3）点火控制信号电压的检测

用万用表测量 A（2-3 缸驱动）和 C（1-4 缸驱动）点火控制端子，在发动机运转时，能测到信号电压变化。

图 1-4-23 德尔福点火线圈

（4）点火线圈电阻的检测

用万用表测量点火线圈绕组阻值。

正常值如下：

初级绕组阻值（B-C 或 B-A 之间）：（0.5±0.05）Ω。

次级绕组阻值（1-4 或 2-3 之间）：（5 200±300）Ω。

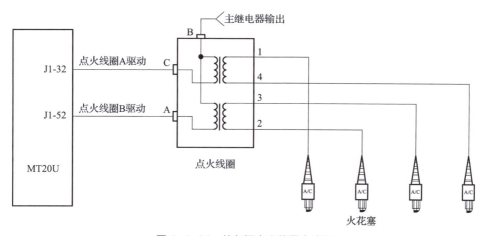

图 1-4-24 德尔福点火线圈电路图

任务五　排放控制系统结构原理与检修

情境导入

情境描述

一辆一汽-大众迈腾 B7，装备 CEA 汽油电控发动机，因发动机故障指示灯点亮报修。初步诊断是排放控制系统故障。你的主管把这个检修任务分配给你，你能完成吗？

情境提示

燃油质量差容易导致电子控制部分如节气门积炭、三元催化净化器堵塞等故障，其他排放控制系统故障也会导致汽车发动机故障指示灯点亮。汽车出现该故障，一般会记忆故障码。作为维修技师应学会根据故障码对相应的废气排放控制系统进行检修。作为维修技师，必须熟悉废气排放控制有关的各个系统，才能进行系统的诊断与维修。

学习目标

知识目标

1) 能描述发动机尾气成分与排放控制系统的组成。
2) 能描述曲轴箱强制通风系统的作用与结构原理。
3) 能描述汽油蒸发控制系统的作用与结构原理。
4) 能描述排气再循环系统的作用与结构原理。
5) 能描述二次空气喷射系统的作用与结构原理。
6) 能描述三元催化净化器的作用与结构原理。
7) 能描述尾气排放标准与检测方法。

技能目标

1) 能识别发动机排放控制系统。
2) 能进行曲轴箱强制通风系统故障诊断与检修。
3) 能进行汽油蒸发控制系统故障诊断与检修。
4) 能进行排气再循环系统故障诊断与检修。
5) 能进行二次空气喷射系统故障诊断与检修。
6) 能进行三元催化净化器故障诊断与检修。
7) 能使用尾气分析仪检测尾气。

一 基本知识

1. 发动机尾气成分与排放控制系统的组成

空气中主要的成分为氧（O）和氮（N），汽油中的主要成分为碳（C）和氢（H），当汽油机在怠速运转时，最理想的燃烧结果是发动机排放出二氧化碳（CO_2）、水（H_2O）及氮气（N_2）。由于发动机无法达到百分之百的燃烧效率，所以会产生废气，其中包括氮氧化物（NO_x）、碳氢化合物（HC）、一氧化碳（CO）、二氧化碳（CO_2）等。

这些废气中，能造成大气污染的主要有三种：碳氢化合物（HC）、一氧化碳（CO）和氮氧化物（NO_x）。三者之和约占大气污染物总数的50%以上。HC主要来自燃烧室内的未燃烧的汽油，也有一部分来自蒸发源，如燃油箱等；CO是燃烧过程的副产品，由空燃比不适当造成；NO_x是在燃烧室内高温（超过1371℃）条件下由氮和氧化合而成的。

随着汽车排放标准的日益严格，汽车的废气排放控制技术也在不断地增加，如今单独某项技术的发展是不足以降低废气排放和燃油消耗的，因此必须将车辆看成一个整体，所有汽车部件都应彼此匹配才行。

目前，汽车上使用的排放控制系统有曲轴箱强制通风（PCV）系统、汽油蒸发控制（EVAP）系统、排气再循环（EGR）系统、二次空气喷射（AIR）系统和三元催化净化器（TWC）等。

2. 曲轴箱强制通风系统的作用与结构原理

（1）曲轴箱强制通风系统的作用

在发动机混合气燃烧过程中，通过活塞环漏入曲轴箱的未燃气体和燃烧产物称为窜气。窜气中70%~80%是未燃烧气体（HC），燃烧的副产品（水蒸气和各种气化的酸）则占

20%~30%。这些杂质与发动机机油一起循环,将稀释机油或产生油泥,加剧发动机腐蚀和磨损;高压窜气会提高施加在油底壳密封垫和曲轴油封上的气体压力,如果不释放这个压力,那么会导致油封漏油。

曲轴箱强制通风(PCV)系统的主要作用是利用发动机的真空度将新鲜空气吸入曲轴箱,同时将窜气重新导入进气系统并在气缸中烧掉,以防止曲轴箱内的窜气排入大气。这样既可以减少空气污染,还能够提高汽油经济性。由于排放法规的限制,几乎所有的汽油机都装备了曲轴箱强制通风(PCV)装置(图1-5-1)。

图1-5-1 曲轴箱强制通风(PCV)装置

(2)曲轴箱强制通风系统的结构组成与工作原理

如图1-5-2所示,曲轴箱强制通风系统主要由空气滤清器、曲轴箱通风管、曲轴箱、PCV通风阀、进气歧管组成。PCV通风阀(图1-5-3)是一个锥形阀,主要由阀体、阀芯、弹簧等组成。

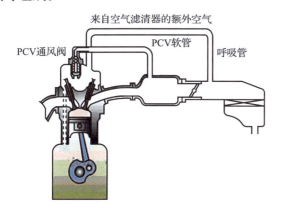

图1-5-2 曲轴箱通风系统

图1-5-3 PCV通风阀

发动机运转时,进气歧管真空度出现在PCV通风阀处。在真空作用下,空气由空气滤清器通过曲轴箱通风管进入气门室罩内,并流过气缸盖上的孔后进入曲轴箱内,与曲轴箱内的窜气相混合。混合后的气体向上流过气缸盖上的孔到达气门室罩内,然后进入PCV通风阀,当PCV通风阀打开时,混合气流入进气歧管。这部分混合气会改变原有的空燃比,使进入气缸的可燃混合气变稀。因此要控制PCV通风阀的开度,与发动机的工况相适应,不致影响发动机性能。

在发动机停止运转时,在弹簧的作用下,锥形阀紧靠在阀体下部的阀壳上,PCV通风阀关闭,如图1-5-4a所示。发动机运转时,PCV通风阀由真空度的大小来控制其开度,PCV通风阀的弹簧很软,真空度越大,开度越小。在怠速或减速期间,进气歧管真空度很高,进气歧管真空度克服弹簧作用力使锥形阀向上移动,在锥形阀和阀壳之间出现一个小缝,如图1-5-4b所示。由于在怠速或减速期间发动机的负荷不大,因此此时的窜气量很少,只要很小的PCV通风阀开度就足够清除曲轴箱内的窜气。

在部分负荷时,进气歧管真空度比怠速时低。在弹簧力的作用下锥形阀向下移动,从而使锥形阀与阀座间的缝隙增加,如图1-5-4c所示。由于部分负荷时的负荷要比怠速时大,所以此时的窜气量也要比怠速时大些。锥形阀与阀壳之间的较大缝隙允许将此时所有的窜气都吸入进气歧管内。

当发动机在大负荷下工作时，节气门全开，进气歧管内的真空度下降，在弹簧力的作用下锥形阀进一步向下移动，锥形阀和阀壳之间的缝隙继续增大，如图 1-5-4d 所示。因为发动机负荷越大，窜气会更多，所以在锥形阀和阀壳之间必须有更大的缝隙才能将此时的窜气都吸入进气歧管内。当发生进气歧管回火时，锥形阀落在 PCV 通风阀座上，阻止回火进入发动机。

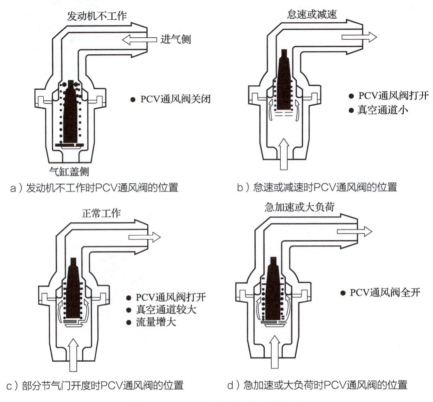

图 1-5-4　PCV 通风阀的工作情况

3. 汽油蒸发控制系统的作用与结构原理

（1）汽油蒸发控制系统的作用

燃油箱蒸发的汽油蒸气直接散入大气将造成污染。汽油蒸发控制系统（也称为燃油箱通风系统）的作用是把燃油箱蒸发出来的汽油蒸气收集起来，再送入发动机内燃烧的控制系统。

如图 1-5-5 所示，汽油蒸发控制（EVAP）系统是一个密闭系统，利用活性炭吸收有可

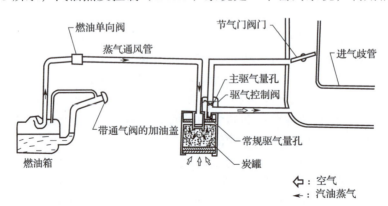

图 1-5-5　真空控制的汽油蒸发控制（EVAP）系统

能从燃油箱散发到空气中的汽油蒸气。发动机工作时，活性炭罐内的汽油蒸气再次分离出来，送入发动机内燃烧。

（2）汽油蒸发控制系统的结构组成与工作原理

早期的发动机采用真空控制的汽油蒸发控制系统（图1-5-5），电控发动机都采用电子控制的汽油蒸发控制系统（图1-5-6）。电子控制汽油蒸发控制系统由燃油箱、油气分离阀、活性炭罐、电磁阀、发动机电子控制单元（ECU）及相应的蒸气管道和真空软管组成。EVAP系统是利用活性炭吸附原理，在汽油蒸气散入大气之前采用活性炭加以吸附，发动机工作时，根据各种运行工况，由ECU控制电磁阀的开启来控制汽油蒸气的脱附，活性炭罐内的汽油蒸气再次分离出来，送入发动机内燃烧。油气分离阀安装在燃油箱的顶部，汽车倾翻时，防止燃油箱内的汽油从蒸气管道中漏出。

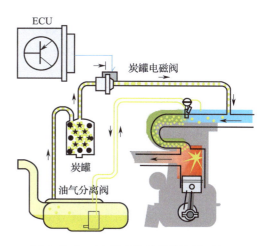

图1-5-6 电子控制汽油蒸发控制系统

EVAP通风系统可分为三个状态：

状态1：活性炭罐是空的。EVAP系统工作时会使得混合气变稀。

状态2：活性炭罐是满的。EVAP系统工作时会使得混合气变浓。

状态3：活性炭罐的充满程度与某个化学当量混合气比相当。混合气既不变浓，也不变稀。这个状态是由急速调节系统来确定的。而状态1和状态2是由λ调节来控制。

下面介绍汽油蒸发控制系统的重要部件——活性炭罐和炭罐电磁阀。

1）活性炭罐。汽油蒸气回收罐内充满了活性炭颗粒，故又称为活性炭罐（图1-5-7）。炭罐内的活性炭吸附汽油蒸气，同时起到燃油箱释压的作用。为了保证炭罐内活性炭的再生，在炭罐内还有一根空气进气管和空气相通。发动机运行时会在进气歧管内产生真空度形成吸气气流，新鲜空气从活性炭罐底部进入活性炭罐再进入进气歧管时，气流将带走吸附在活性炭上的汽油蒸气，并将它们带到发动机烧掉。

2）炭罐电磁阀。在连接炭罐和进气歧管之间的管子上有一个电磁阀（图1-5-8），该电磁阀用于控制清洗炭罐的气流。根据发动机不同的工况，ECU改变输送给电磁线圈脉冲信号的占空比，从而改变阀的开度。电磁阀线圈电阻正常约为20Ω，过大或过小则可能有内部断路或短路。

图1-5-7 活性炭罐

图1-5-8 炭罐电磁阀

在发动机停机或急速运转时，ECU使电磁阀关闭，从燃油箱中逸出的汽油蒸气被活性炭罐的活性炭吸收。当发动机以中高速运转时，ECU使电磁阀开启，储存在蒸气回收罐内的汽油蒸气经过真空软管后被吸入发动机。此时，由于发动机的进气量较大，少量的汽油蒸气不会影响混合气的成分，同时 ECU 根据氧传感器的反馈信号对喷油量进行微量调整。为了防止未燃烧的汽油蒸气进入三元催化净化器，当出现节气门全开而汽油供应须切断（超速断油）的时候，清除电磁阀必须立即关闭。

ECU 控制清除电磁阀通电的条件一般为：

①发动机达到工作温度。

②节气门位置传感器不在怠速位置。

③ECU 不能关闭喷油器（例如为防止驱动轮滑转而进行附着力控制时）。

只有上述条件同时满足，ECU 才会控制电磁阀线圈通电，否则汽油蒸气被储存在炭罐中。

4. 排气再循环系统的作用与结构原理

（1）排气再循环系统的作用

排气再循环（Exhaust Gas Recirculation，EGR）系统，用于减少废气中 NO_x 的含量。由于发动机加速或高负荷，燃烧室内的温度升高，生成的 NO_x 也随之增加。因为高温促使氮和空气中的氧化合，所以减少 NO_x 生成的最好办法是降低燃烧室的温度。废气的主要成分是 CO_2 和水蒸气（H_2O），这些都是非常稳定的气体，不和氧反应。

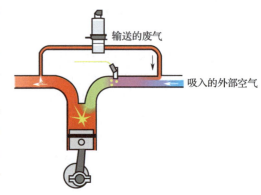

图 1-5-9 排气再循环系统

如图 1-5-9 所示，EGR 装置通过进气歧管再循环废气，使燃烧温度降低。空气和汽油混合气和这些废气混合在一起时，汽油在混合气中的比例自然就降低了（混合气变稀）。另外，这一混合气燃烧所产生的热量，有一部分也被废气带走了。因此，燃烧室的最高温度也下降，从而减少了 NO_x 的产生。

（2）排气再循环控制系统的结构组成与工作原理

1）排气再循环控制系统的工作时机。因为在低温及低负荷的情况下，NO_x 的生成量很少，所以 EGR 系统没必要工作。在怠速时，如果 EGR 阀打开，则会导致发动机抖动甚至熄火。在高速或大负荷时，如果 EGR 阀打开，则会影响发动机的输出功率，造成功率不足。因此，EGR 阀的工作时机必须控制，在一般情况下必须同时满足以下条件。

①发动机达到工作温度，并且发动机转速处于中高速时，EGR 工作。

②冷车、怠速、低负荷、高速、大负荷等工况下，EGR 不工作。

2）排气再循环阀的驱动控制。EGR 系统按 EGR 阀驱动方式的不同，可分为真空驱动型和电驱动型两种类型。

①真空驱动型 EGR 阀。真空驱动型的 EGR 系统根据真空源的控制方式，又可以分为节气门控制、温控阀控制和电磁阀控制三种类型，前两种类型因为控制不够精确，已经淘汰。以下仅介绍电磁阀真空控制的类型。

电磁阀真空控制的 EGR 系统如图 1-5-10 所示，该控制系统主要由 ECU、EGR 阀和 EGR 电磁阀等组成，EGR 阀安装在排气再循环通道中，用以控制排气再循环量。EGR 电磁阀安装在通向 EGR 阀的真空通道中，ECU 根据发动机转速、负荷和冷却液温度等信号来控制电磁阀的通电或断电。EGR 电磁阀不通电时，控制 EGR 阀的真空通道被切断，EGR 阀关闭，停止排气再循环；EGR 电磁阀通电时，控制 EGR 阀的真空通道接通，EGR 阀开启，进行排气再循环。

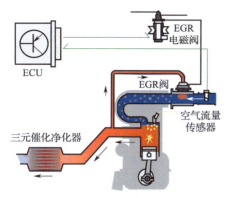

图 1-5-10　电磁阀真空控制的 EGR 系统

EGR 电磁阀采用占空比控制型，ECU 通过控制电磁阀的开度，调节作用在 EGR 阀上的真空度，以控制 EGR 阀的开度，实现对 EGR 流量的控制。

②电驱动型 EGR 阀。电驱动型 EGR 系统利用流量阀、电磁阀、步进电动机型 EGR 阀直接控制排气再循环量。与真空驱动型 EGR 系统相比，电驱动型 EGR 系统的突出优点是控制精度高、响应速度快，但由于电驱动装置距离高温废气近，工作环境差，对其工作可靠性要求高。其中带冷却器的电磁阀控制型 EGR 系统应用最广泛，如图 1-5-11 所示，该系统利用占空比控制型电磁阀直接控制排气再循环量。

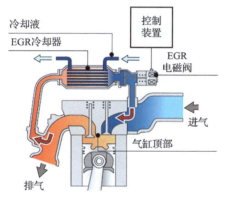

图 1-5-11　电磁阀控制 EGR 系统

3）排气再循环阀的监控方式。根据是否对控制的结果进行监测，EGR 系统可分为开环控制和闭环控制两种。闭环控制的 EGR 系统中，ECU 会采用各种方式来监控 EGR 系统是否工作，包括进气压力信号监控、开关信号监控、差压阀位置传感器监控、排气温度传感器监控和 EGR 阀位置传感器监控等方式，下面介绍最常见的排气温度传感器监控和 EGR 阀位置传感器监控两种监控方式（图 1-5-12）。

①排气温度传感器监控。丰田、日产、三菱等日系汽车大部分采用这种监控方式。图 1-5-13 所示为丰田汽车 EGR 系统的排气温度传感器监控方式，该系统在 EGR 阀排气口端，装置一个温度传感器来检测 EGR 阀是否作用。排气温度

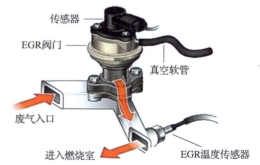

图 1-5-12　EGR 系统监控方式示意图

传感器均采用5V参考电源的负温度系数温度传感器,其工作原理与冷却液温度传感器一致。

② EGR阀位置传感器监控。目前市场上的车型大部分采用这种监控方式。如图1-5-14所示,电磁阀型EGR阀中装置一个EGR阀位置(高度或开度)传感器作为反馈信号,ECU可根据EGR阀位置传感器的反馈信号修正电磁阀的开度,使EGR控制精度更高。

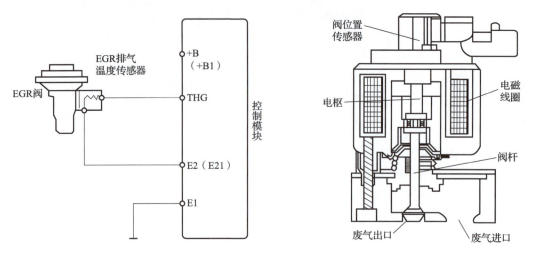

图1-5-13 丰田汽车EGR系统的排气温度传感器监控　　图1-5-14 EGR阀位置传感器监控

5. 二次空气喷射系统的作用与结构原理

（1）二次空气喷射系统的作用

车辆在冷起动时混合气较浓,发动机燃烧过程中会产生较多的CO和HC。如图1-5-15所示,二次空气喷射系统(AIR或AI)把新鲜空气引入排气管中,使废气中的HC和CO与空气中的氧气发生化学反应,生成无害的水蒸气和二氧化碳。

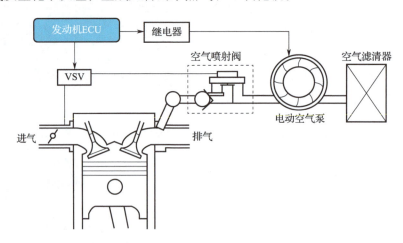

图1-5-15 二次空气喷射系统

二次空气喷射系统具有以下作用:减少冷起动时的有害物排放;加热三元催化净化器,使其迅速达到正常的工作温度。

（2）二次空气喷射系统的结构组成与工作原理

二次空气喷射系统结构组成如图1-5-16所示,发动机ECU通过继电器控制电动机驱动的二次空泵运转，将新鲜空气输送到二次空气机械阀处；与此同时，ECU 控制二次空气控制阀（电磁阀）动作，真空吸力打开二次空气机械阀，将新鲜空气喷入排气管。

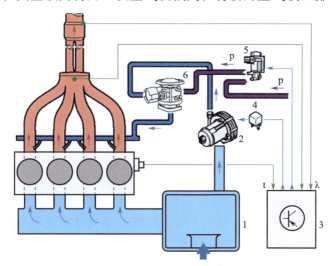

图 1-5-16　二次空气喷射系统结构组成

1—空气滤清器　2—二次空气泵　3—ECU　4—二次空气继电器　5—二次空气控制阀　6—二次空气机械阀

二次空气喷射系统不能长时间工作，否则会造成发动机温度过高，二次空气系统工作条件见表 1-5-1。

表 1-5-1　二次空气系统工作条件

状　态	冷却液温度	工作时间
冷车起动后	+5~33℃	100 s
热车起动后，急速	直至最高 96 ℃	10 s

（3）二次空气喷射系统监控原理

ECU 对二次空气喷射系统的监控过程如图 1-5-17 所示。

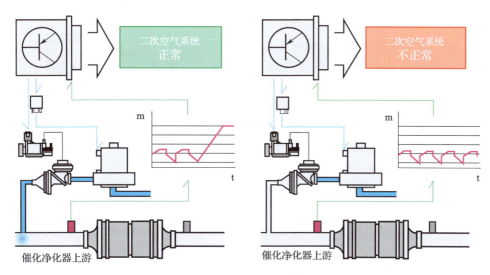

图 1-5-17　ECU 对二次空气喷射系统的监控过程

在二次空气喷射系统工作时，二次空气泵会输送空气来提高氧传感器处的氧含量，氧传感器会侦测到这个变化（氧传感器电压降低），并将这个信息传送给ECU。如果ECU将打开信号发送给二次空气阀并接通了二次空气泵，那么只要二次空气系统正常，在氧传感器处应能侦测出混合气是非常稀的。氧传感器显示出一个明显的调节偏差。

6. 三元催化净化器的作用与结构原理

（1）三元催化净化器的作用

催化器（也称为催化转换器、净化器或触媒）是一种用于控制汽油燃烧尾气排放的装置，直接安装在排气管中（图1-5-18），以便利用来自燃烧室的热量来引发催化剂起作用，使催化剂的反应更为迅速。

如图1-5-19所示，催化器与闭环控制的电喷发动机配合使用，将发动机尾气有害成分碳氢化合物（HC）、一氧化碳（CO）、氮氧化物（NO_x）进行催化反应，生成无害的二氧化碳（CO_2）、水（H_2O）、氮气（N_2）排出车外，降低了尾气对环境的污染。因为目前所用的催化器可以控制三种有害的排放物，所以称为"三元催化净化器"。

图1-5-18 三元催化净化器

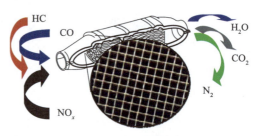

图1-5-19 催化净化控制

催化净化过程由发动机电子控制单元（ECU）来控制，即氧传感器将废气中的氧含量信息传给ECU，ECU会调整燃油/空气混合气，使$\lambda=1$。催化净化过程包含两个化学反应：还原反应，即从废气中取走氧；氧化反应，即在废气中加入氧（二次燃烧）。

（2）三元催化净化器的结构组成与工作原理

1）三元催化净化器的结构组成。如图1-5-20所示，三元催化净化器由容器（壳体）、衬垫（绝热层）、陶瓷载体（具有催化剂涂层）构成。

①载体。载体形状为蜂窝状，以便增大接触面积。现在绝大部分的车辆使用稀土陶瓷载体的三元催化净化器。

②催化剂。催化剂是其本身在形态和质量上均无变化，却能促成化学反应的物质。例如：HC、CO、NO_x和氧气一起被加热至500℃（932℉），通过催化剂作用后即发生化学反应，转化成为无害的CO_2、H_2O和N_2。汽车的废气催化净化器所用催化剂，视气体种类而异，通常使用的有铂、钯、铑等。催化剂涂在许多"载体"的表面上，以增加其与废气接触的表面积。

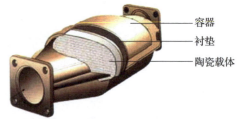

图1-5-20 三元催化净化器结构

2）三元催化净化器的工作原理。废气还原氧化催化净化器是最理想的催化净化器，其转化原理如图1-5-21所示。NO_x是氧化物，CO和HC是还原物，这两种物质发生反应，生成中性的（不活泼的）物质N_2、H_2O和CO_2。

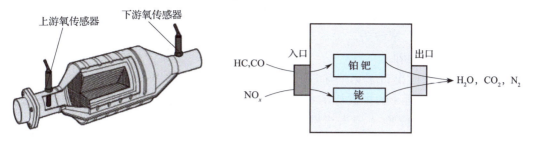

图 1-5-21 三元催化净化器转化原理

三元催化净化器工作条件如下。

①燃油要求。汽油中铅的含量导致三元催化净化器的转换效率严重下降,也是导致其烧缩、烧结的主要原因之一。如果使用含铅汽油,催化剂表面就会覆盖上一层铅,使催化剂失效。因此,安装有废气催化净化器的车辆必须始终使用无铅汽油。对硫、磷等杂质的含量也有要求。

②使用要求。催化净化器不能处理过量的排放,特别是未完全燃烧的碳氢化合物,过量的碳氢化合物会导致催化净化器过热。当油气混合物的比例接近理论空燃比时,催化净化器的工作状况最好,因此,三元催化净化器必须和闭环控制的电喷发动机同时使用,才能保持比较高的转换效率,即发动机理论空燃比为14.7∶1。如果采用三元催化净化器,则空燃比就要用氧传感器和控制单元等精密调节。

③温度要求。在350~850℃,低于或高于正常的工作温度就会导致三元催化净化器的"净化率"和使用寿命降低。当冷机时,催化净化器的温度也比较低,运作效果也不佳,因此在热车过程中会有较高的排放。

"净化率",也称为"转换效率",用于测量废气中污染物能转换成非污染物的比例。如图 1-5-22 所示,当催化剂温度超过 400℃(752 ℉)时,净化率接近 100%。这就是说,在温度低于 400℃(752 ℉)时,催化剂不能起有效的催化作用。

(3)三元催化净化器的监控

发动机电子控制单元(ECU)通过检测前后氧传感器的电压变化以确定催化剂性能是否良好。如图 1-5-23 所示,催化剂性能良好的情况下,前氧传感器电压随着废气浓度变化而不断波动,而后传感器电压相对稳定。

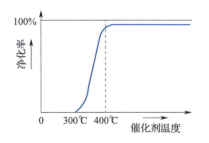

图 1-5-22 催化剂的温度与净化率的关系

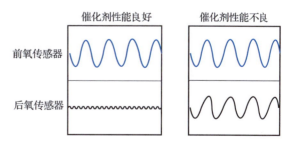

图 1-5-23 氧传感器监控催化净化器催化剂的性能

7. 汽车尾气排放标准与检测方法

(1)汽车尾气排放标准

汽车尾气污染的日益严重,汽车尾气排放立法势在必行,通过严格的法规推动了汽车排放控制技术的进步，而随着汽车排放控制技术的不断提高，又使更高排放标准的制订成为可能。为了促使汽车生产厂家改进产品，以降低尾气排放中有害气体的产生源头，世界各国都制定了相关的汽车排放标准。

自2001年起，我国出台了第一阶段（国1）排放标准，接下来就是国2、国3、国4、国5、国6排放标准。国5的排放标准是2017年实施的，国6标准也于2020年实施。

国5汽车尾气排放标准，相当于欧盟的欧Ⅴ标准。欧盟从2009年起开始执行，其对HC、NO_x、CO和悬浮粒子等机动车排放物的限制更为严苛。从国1到国5，每提高一次标准，单车污染物减少30%~50%。国6排放标准比国5排放标准在测试标准以及污染物排放方面更加严苛，增加实际道路行驶排放测试，污染物限值更严苛，国6比国5加严了40%~50%，CO和HC的限值比国5加严三分之一。

为了让国5的车辆有个过渡期，国6分为国6a和国6b。国6a的施行时间从2019年7月1日到2021年7月1日，国6b的施行时间从2021年7月1日到2023年7月1日。国6a的排放要求会低一点，而国6b才是真正的国六标准。国5、国6排放标准限值见表1-5-2。

表1-5-2 国5、国6排放标准限值

污染物	THC (g/km)		CO (g/km)		NO_x (g/km)		NMHC (g/km)		N_2O (g/km)		PM (mg/km)	
	汽油	柴油	汽油	柴油	汽油	柴油	汽油	柴油	汽油	柴油	汽油	柴油
国5	100	—	1000	500	60	180	68	—	无	无	4.5	4.5
国6a	100		700		60		68		20		4.5	
国6b	50		500		35		35		20		3	

注：THC（Total Hydro Carbons）：指排放的气体中含有碳氢化合物的总量。
NMHC（Non-methane Hydrocarbon）：非甲烷烃，是指除甲烷以外的所有可挥发的碳氢化合物。

（2）汽车尾气检测方法

1）汽油车尾气检测方法。根据国家标准《汽油车污染物排放限值及测量方法（双怠速法及简易工况法）》（GB 18285—2018），规定了汽油车双怠速法、稳态工况法、瞬态工况法和简易瞬态工况法排气污染物排放限值及测量方法。

双怠速法属于无负荷检测，分别在发动机运行的低怠速和高怠速两个怠速段进行排放检测。由于怠速条件下无负荷，氮氧化物的排放很低，所以双怠速法不检测氮氧化物的排放。

简易工况法属于有负荷检测，测试结果更接近实际排放，也同时检测车辆氮氧化物的排放状况。采用简易工况法检测时，被检测车辆被置于底盘测功机上，由测功机给车辆施加一定的载荷，让车辆按照一定的车速工况运行，模拟车辆实际行驶时的车况。这时就能够比较真实地检测出车辆的排放状况。

简易工况法包括稳态工况法（ASM）和瞬态工况法（VMAS）。

稳态工况法还包括ASM5025和ASM2540测试。其中，ASM5025工况为稳定车速25km/h，ASM2540工况为稳定车速40km/h。图1-5-24所示为稳态工况法实验运转循环。

2）柴油车尾气检测方法。根据国家标准《柴油车污染物排放限值及测量方法（自由加速法及加载减速法）》（GB 3847—2018），规定了柴油车自由加速法及加载减速法排气污染物排放限值及测量方法。

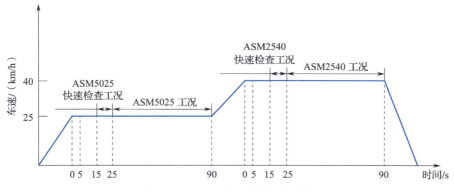

图 1-5-24　稳态工况法实验运转循环

自由加速烟度法测量时离合器处于接合位置，挂空档，怠速工况时迅速将加速踏板踩到最低，使柴油机转速由怠速时迅速升至最高转速，维持 4s 后松开加速踏板，转速回归到怠速工况。最高转速的 4s 时间称为自由加速期，烟度计在此期间完成抽气动作。目前采用不透光式烟度计作为检测仪器，以上过程需重复 4 次以上，计算结果取平均值，其光吸收系数（K 值，也称为烟度）在规定限值以下为达标。

加载减速烟度法需要在底盘测功机上进行加载减速实验。测量过程分为两个阶段：轮边功率扫描和烟度检测阶段。对轮边功率进行检测的目的，则是避免车主利用限油的方法降低排气烟度，达到通过烟度检验的目的。与自由加速法相比，加载减速法更能反映柴油车实际烟度排放，目前我国只有极少数地区采用自由加速法，未来将统一升级为加载减速法。

（3）汽车尾气成分与故障分析

尾气分析不仅是当前检测排放污染物治理效果的基本途径，还是对发动机工作状况及性能判定的重要手段。尾气分析是在发动机不同的工作状况下，通过检测废气中不同成分气体的含量来判断发动机各系统故障的方法，其目的是对发动机的燃烧状况进行综合评价。以汽油机为例，主要分析内容有混合气空燃比、点火正时及催化器净化效率等。主要分析的参数有一氧化碳（CO）、碳氢化合物（HC）、二氧化碳（CO_2）和氧气（O_2）等的含量，还有空燃比（A/F）或过量空气系数 λ 等。对于这些参数进行分析需要使用四 / 五气尾气分析仪。

图 1-5-25 所示为汽车检测部门采用"双怠速法"的尾气排放检测数据，参照国 5 标准制定的尾气排放检测标准数据见表 1-5-3。

车辆型号：科鲁兹　　　　　排　　量：1.70
燃料种类：汽油　　　　　　基准质量：1410
里　程　数：220916
检测数据：

怠速					
CO	HC	NO_X	CO_2	λ	O_2
0.09	40.31	2.44	13.47	1.03	0.79
高怠速					
CO	HC	NO_X	CO_2	λ	O_2
0.31	14.63	4.94	13.35	1.02	0.69

图 1-5-25　汽车检测部门采用"双怠速法"的尾气排放检测数据

表 1-5-3　尾气排放检测标准数据

项目	过量空气系数（λ）	HC	CO	CO_2	O_2	NO_2
高怠速	0.95~1.05	50	0.3	11%~17%	0.1%~0.7%	<1000
低怠速	0.95~1.05	80	0.6	11%~17%	0.1%~0.7%	<100

1）过量空气系数（λ）。汽车尾气中的 λ 值，可以直观地反映发动机空燃比的情况。理论空燃比为 14.7:1 时，λ 值为 1，车辆实际运行状态的正常 λ 值为 0.95~1.05，可以看成是理想的空气/燃油配比。

过量空气系数 = 燃烧 1kg 燃料实际所供给的空气质量/完全燃烧 1kg 燃料所需的理论空气质量

过量空气系数 =1，最理想。

过量空气系数 >1，说明可燃混合气过稀。

过量空气系数 <1，说明可燃混合气过浓。

2）碳氢化合物（HC）。汽车尾气中 HC 含量变化与混合气浓稀、燃烧情况、点火能量有直接关系，HC 的出现意味着没有充分燃烧的汽油，尾气中的黑烟、明显的汽油味都是 HC 排放量过大的象征。HC 排放量过大（读数高），可能由下列原因引起。

①气缸压缩压力偏低。

②点火系统：缺火（间歇性不点火）；点火正时不正确。

③进气/燃油系统：空燃比（混合气）过稀或过浓；喷油器故障，燃油压力过高或过低。

④电控系统：与空燃比相关的传感器故障，或发动机电子控制单元（ECU）故障。

⑤排放控制系统：三元催化净化器故障，二次空气喷射系统故障。

⑥其他可能的原因。

3）一氧化碳（CO）。CO 的读数为零或接近零，则说明混合气充分燃烧。尾气中的 CO 主要是因为不完全燃烧引起的。混合气过浓将产生大量的 CO。CO 排放量过大，可能由下列原因引起。

①进气管道堵塞，如空气滤清器脏等。

②燃油系统：燃油压力过高；喷油器泄漏等。

③电控系统：与空燃比相关的传感器故障，或发动机电子控制单元（ECU）故障。

④排放控制系统：三元催化净化器故障，二次空气喷射系统故障。

⑤其他可能的原因。

4）氮氧化物（NO_x）。从发动机燃烧室排出的一氧化氮（NO），无色、无味，但当它进入大气时，马上就与氧气产生化学反应并生成二氧化氮（NO_2），呈红褐色且有刺激性。NO 和 NO_2 总称为氮氧化物 NO_x。NO_x 排放量过大，可能由下列原因引起。

①发动机产生爆燃：因燃烧室积炭、点火提前角过大等造成爆燃。

②发动机温度过高：冷却系统故障造成发动机温度过高。

③电控系统：与点火提前角相关的传感器故障，或发动机电子控制单元（ECU）故障。

④排放控制系统：EGR 阀故障、三元催化净化器故障。

⑤其他可能的原因。

5）二氧化碳（CO_2）。尾气中 CO_2 的浓度可以反映出燃烧的效率。当可燃混合气充分燃烧时，CO_2 的浓度将达到峰值，为 15.5%~17%。当混合气变浓或变稀时，CO_2 值会降低。CO_2 排放量过低，可能由下列原因引起。

①排气管道泄漏。

②空燃比偏浓。

③其他可能的原因。

6）氧气（O_2）。从尾气中 O_2 的浓度是反映空燃比的最好指标，燃烧正常时，O_2 应在 0.1%~0.7%。O_2 读数如果小于 0.1%，说明混合气过浓；O_2 读数大于 0.7%，说明混合气过稀。

O_2 读数过低，而 CO 读数高可能由下列原因引起。

①空燃比偏浓：进气、燃油系统故障等。

②电控系统：与空燃比相关的传感器故障，或发动机电子控制单元（ECU）故障。

③排放控制系统：PCV 通风阀故障，汽油蒸发控制系统故障（低速时工作）。

④其他可能的原因。

O_2 读数过高，而 CO 读数低可能由下列原因引起。

①空燃比偏稀：进气、燃油系统故障等。

②电控系统：与空燃比相关的传感器故障，或发动机电子控制单元（ECU）故障。

③排放控制系统：真空泄漏。

④其他可能的原因。

当 CO、HC 浓度高，CO_2、O_2 浓度低时，表明发动机混合气很浓。

当 HC 和 O_2 的读数高，则表明点火系统工作不良、混合气过稀，而引起失火（Misfire）。

二 基本技能

1. 曲轴箱强制通风系统（PCV）故障诊断与检修

（1）曲轴箱强制通风系统常见的故障

曲轴箱强制通风系统的故障主要是由于 PCV 通风阀的堵塞、粘滞及管路和接头的堵塞造成的。一方面，曲轴箱强制通风系统将窜缸的混合气引回发动机，窜缸的混合气会引起发动机零部件的腐蚀，使 PCV 通风阀的弹簧折断而导致 PCV 通风阀失效，在气门杆、活塞环及挺柱上形成油污。另一方面，由于流经曲轴箱通风装置的废气易形成油泥和残留物，使 PCV 通风阀及管路粘结、堵塞，严重时会导致 PCV 通风阀失灵。一个开启、闭合不良的 PCV 通风阀会使通风强度不平衡、不协调。PCV 通风阀堵塞时，曲轴箱通风减少或缺乏；弹簧折断或 PCV 通风阀被粘住时，会引起过度通风或使曲轴箱压力增加，油底壳积炭，发动机运转不良和熄火。曲轴箱强制通风系统的常见故障现象、原因与维修方法见表 1-5-4。

表 1-5-4 曲轴箱强制通风系统的常见故障现象、原因与维修方法

故障现象	故障原因	维修方法
急速不稳，频繁熄火	PCV 通风阀粘滞	更换 PCV 通风阀
	PCV 滤清器堵塞	更换 PCV 滤芯
	PCV 通风阀出口粘住	更换 PCV 通风阀
废气从空气滤清器里冒出	PCV 通风阀堵塞	更换 PCV 通风阀
空气滤清器上积聚机油	PCV 通风阀堵塞；若发动机磨损，问题更为严重	更换 PCV 通风阀
机油过度沉积或变稀	系统中的管路、接头堵塞	清洗管路接头
	PCV 通风阀粘住或堵塞	更换 PCV 通风阀

（2）PCV 通风阀检查

如图 1-5-26 所示，找出曲轴箱通风系统中 PCV 通风阀的位置，并检查其工作情况。

1）将一根清洁软管安装到通风阀上。

2）将空气吹入通风箱侧，检查并确认空气顺畅地通过，如图 1-5-27a 所示。

3）将空气吹入进气歧管侧，检查并确认空气较难通过，如图 1-5-27b 所示。如果结果不符合规定，则更换通风阀。

图 1-5-26 PCV 通风阀安装位置

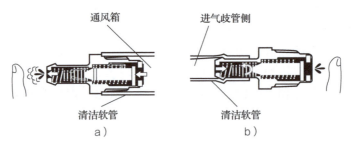

图 1-5-27 检查 PCV 通风阀

2. 汽油蒸发控制系统（EVAP）故障诊断与检修

（1）汽油蒸发控制系统自诊断

汽油蒸发控制（燃油箱通风）系统具有自诊断功能，ECU 的自诊断系统会进行系统功能自诊断，如果系统不正常，组合仪表上的发动机故障指示灯就会点亮。

但是，除了严重的电路故障外，汽油蒸发控制系统的故障一般不能直接自行诊断到准确的故障部位，只能采用就车检查和单个元件检查方法来查找故障。

（2）汽油蒸发控制系统常见故障

汽油蒸发控制系统的常见故障现象、原因与维修方法见表 1-5-5。

表 1-5-5 汽油蒸发控制系统的常见故障现象、原因与维修方法

故障现象	故障原因	排除方法
汽油及蒸气泄漏	燃油箱过满	放出多余汽油
	汽油管、蒸气通风管破裂	更换
	燃油箱盖有故障	更换
	炭罐堵塞	更换
	汽油挥发性高	更换适当汽油
燃油箱被压坏	燃油箱盖不合适或故障	更换
燃油箱内压力过高	油气分离阀堵塞	更换
	通风管堵塞	修理或更换
	炭罐堵塞	更换
发动机怠速不稳	通风管路堵塞或连接错误	疏通或更换
	炭罐滤芯堵塞	更换
	汽油挥发性过高	使用适当汽油

（3）汽油蒸发控制系统检测

1）EVAP系统就车检测。

①将发动机预热至正常工作温度，保持怠速运转。

②拔下活性炭罐上的真空软管，检查软管内有无真空吸力。若汽油蒸发控制系统工作正常，则在发动机怠速运转过程中电磁阀应关闭，真空软管内无真空吸力，如图1-5-28所示。

活性炭罐就车检测

③如果此时真空软管内有真空吸力，则用万用表电压档检查电磁阀线束插接器端子上是否有电压。若电磁阀线束插接器端子上有电压，则说明电磁阀线束或ECU有故障；若无电压，则说明电磁阀有故障（卡死在开启位置）。

④踩下加速踏板，当发动机转速大于2 000r/min时，检查上述真空软管内有无真空吸力。若真空软管内有真空吸力，则说明该系统正常工作；若真空软管内无真空吸力，则用万用表电压档检查电磁阀线束插接器端子上是否有电压（12V）。若电压正常，则说明电磁阀有故障；若电压异常，则说明ECU或控制线路有故障。

2）炭罐电磁阀检测。

①检测电磁阀线圈的电阻值。拔下电磁阀线束插接器，用万用表电阻档测量电磁阀线圈的电阻值，如图1-5-29所示，电阻值应符合规定，标准值为23~26Ω（请参照维修手册），否则应更换电磁阀。

活性炭罐电磁阀阀体检测

图1-5-28　就车检查

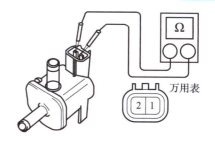

图1-5-29　电磁阀线圈电阻的检测

②检测电磁阀的工作。拆下电磁阀，首先向电磁阀内吹气，电磁阀应不通气，如图1-5-30a所示；然后将蓄电池电压加到电磁阀插接器的两端子上，并同时向电磁阀内吹气，此时电磁阀应通气，如图1-5-30b所示。如电磁阀的状态与上述情况不符，则电磁阀有故障，应予以更换。

3）活性炭罐检查。检查活性炭罐（图1-5-31）外观是否破损，各软管是否插错、脱落或破损。

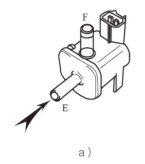
a)

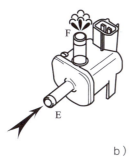
b)

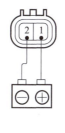

图1-5-30　检测炭罐电磁阀

图1-5-31　活性炭罐总成

3. 排气再循环（EGR）系统故障诊断与检修

并不是所有的车辆都装备了排气再循环系统，因此检修前应先检查车上是否装备 EGR 阀。图 1-5-32 所示为别克汽车装备的 EGR 阀。

（1）排气再循环系统常见故障

排气再循环系统具有自诊断功能，ECU 的自诊断系统会进行系统功能自诊断，如果系统不正常，组合仪表上的发动机故障警告灯就会点亮。

图 1-5-32　别克汽车装备的 EGR 阀

排气再循环系统的常见故障现象、原因与维修方法见表 1-5-6。

表 1-5-6　排气再循环系统的常见故障现象、原因与维修方法

故障现象	故障原因	排除方法
EGR 阀不能打开（故障警告灯点亮，发动机温度太高）	EGR 阀因积炭等原因卡在关闭位置	清除积炭
	真空驱动型真空控制系统故障	检修或更换
	电驱动型控制电路或元件故障	检修或更换
EGR 阀卡在开启位置（故障警告灯点亮，发动机怠速发抖，动力不足，减速时发动机易熄火）	EGR 阀因积炭等原因卡在开位置	清除积炭
EGR 阀开度不足或开度错误（故障警告灯可能点亮）	EGR 阀因积炭等原因动作错误	清除积炭
	EGR 阀监控反馈信号错误	检修或更换

（2）排气再循环系统检测

1）EGR 系统就车检测。

①将发动机预热至正常工作温度，EGR 阀在怠速时不应动作，加速到转速大于 2 500r/min 时应动作。

②对于真空控制的 EGR 系统。拔下 EGR 阀上的真空软管，检查软管内有无真空吸力。若 EGR 系统工作正常，则在发动机怠速运转过程中电磁阀应关闭，真空软管内无真空吸力；如果此时真空软管内有真空吸力，则用万用表电压档检查电磁阀线束插接器端子上是否有电压。若电磁阀线束插接器端子上有电压，则说明电磁阀线束或 ECU 有故障；若无电压，则说明电磁阀有故障（卡在开启位置）。

踩下加速踏板，当发动机转速大于 2 500r/min 时，检查 EGR 阀上的真空软管内有无真空吸力。若真空软管内有真空吸力，则说明该系统正常工作；若真空软管内无真空吸力，则用万用表检查电磁阀线束插接器端子上是否有电压；若电压正常，说明电磁阀有故障；若电压异常，则说明 ECU 或控制线路有故障。

2）EGR 电磁阀的检测。

①检查电磁阀线圈的电阻值。拔下电磁阀线束插接器，用万用表电阻档测量电磁阀线圈的电阻值，电阻值应为 33~39Ω，否则应更换电磁阀。

②检查电磁阀的工作。如图 1-5-33 所示，首先从进气管侧吹入空气应畅通，从滤网处吹应不通，然后将蓄电池电压加到电磁阀插接器的两端子上，并同时从进气管侧吹

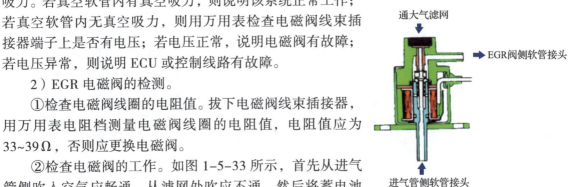

图 1-5-33　EGR 电磁阀的检查

入空气应不畅通，从滤网处吹应畅通。如电磁阀的状态与上述情况不符，则电磁阀有故障，应予以更换。

3）EGR 阀的检查。如图 1-5-34 所示，用手动真空泵给 EGR 阀膜片上方施加约 15kPa 的真空度，EGR 阀应能开启，不施加真空度，EGR 阀应能完全关闭。

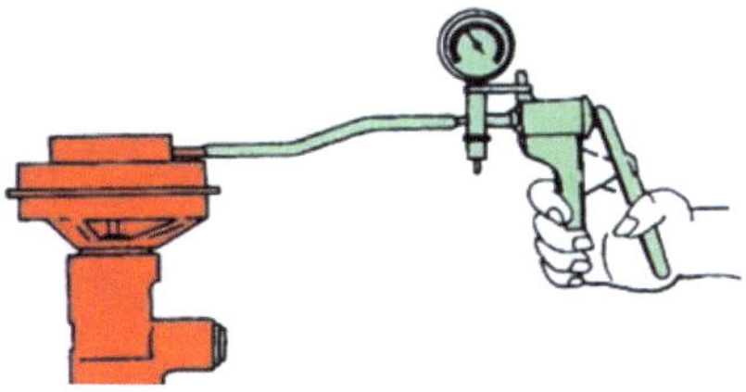

图 1-5-34　EGR 阀的检查

4. 二次空气喷射系统（AIR）故障诊断与检修

并非全部的车型都有装备二次空气喷射系统，检修前应检查车上是否装备二次空气喷射系统。下面以大众汽车为例，介绍二次空气喷射系统的常见故障诊断与检修。

（1）二次空气喷射系统常见故障

二次空气喷射系统具有自诊断功能，ECU 的自诊断系统会进行系统功能自诊断，如果系统不正常，则组合仪表上的发动机故障警告灯就会点亮。常见的故障码有 P0411/16795，二次空气系统流量错误而引发这一故障的常见原因有以下原因。

1）机械故障。如果排气侧积炭以及进气含有水分，则会导致二次空气组合阀生锈卡滞（图 1-5-35）；空气供给管路压扁（图 1-5-36），也会导致空气流量不正确。

图 1-5-35　二次空气组合阀

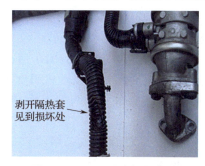

图 1-5-36　二次空气供给管

2）电气系统故障。图 1-5-37 所示为大众汽车二次空气喷射系统电路元件，J220 为发动机电子控制单元（ECU），J229 为二次空气泵控制继电器，N112 为二次控制阀，V101 为二次空气泵（电动机）。

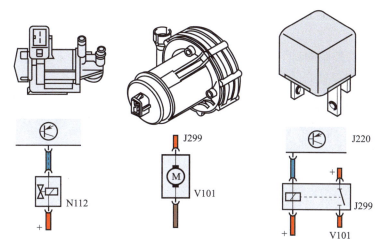

图 1-5-37　大众汽车二次空气喷射系统电路元件

检查相关的熔丝、继电器的工作是否正常，检查二次空气泵（图1-5-38）是否正常。

根据二次空气喷射系统的工作条件，在维修完试车过程中是很难让二次空气泵正常起动的，但可以利用诊断仪对发动机作执行元件自诊断，指令二次空气泵工作。

（2）二次空气喷射系统检测

1）二次空气喷射系统外观检查。如图1-5-39所示，打开发动机舱盖，检查二次空气泵的外观、线束及管路有无损坏。如损坏，则必须予以更换。

图1-5-38　二次空气泵实物图

图1-5-39　二次空气泵外观检查

2）二次空气喷射系统功能验证

二次空气喷射系统的工作时机如下。

①冷车起动（冷却液温度为+5~33℃）后，二次空气喷射系统工作100s。

②第二次起动发动机后，如果发动机温度不超过96℃，则二次空气喷射系统工作10s。

起动发动机，在上述条件下，观察二次空气系统是否工作（电动机运转）。如果电动机不工作，则进行下一步。

3）电源及线路检查。二次空气泵熔丝S209和继电器J229位于发动机舱同一电气盒内。如果熔丝、继电器和线路正常，则进行下一步。

4）检查二次空气泵电动机。

▶ 提示：检查前提是，熔丝S209、继电器J229及线路正常，蓄电池电压必须不低于11.5V，二次空气泵的进气软管不得堵塞或其他损坏。

①如图1-5-40所示，从二次空气泵电动机上拔出压力软管。

②连接诊断仪，进入发动机系统，查看有无故障码。如果有相关的故障码，则根据内容进行检修。

③进入"03-元件控制测试"（图1-5-41），此时二次空气泵继电器应动作，二次空气泵电动机运转，且在出口处必须有空气流出。

图1-5-40　拔出二次空气泵压力软管

图1-5-41　使用诊断仪器进行诊断

如果电动机运转，但没有空气流出，则更换二次空气泵电动机。
如果电动机不运转，则检查线路及发动机 ECU。
5）检查二次空气组合阀。

> **提示**：检查前提是，发动机系统没有记忆相关的故障码，管路密封正常。

①如图 1-5-42 所示，从二次空气泵电动机上拔出压力软管。
②将低压空气吹入组合阀体压力软管中，组合阀必须关闭。
③将高压空气吹入组合阀体的压力软管中，组合阀必须打开。如果组合阀不打开或持续打开，则应更换组合阀。

图 1-5-42　拔出组合阀侧压力软管

5. 三元催化净化器（TWC）故障诊断与检修

（1）三元催化净化器常见故障

三元催化净化器（图 1-5-43）在正常使用的情况下都会出现氧化的情况，催化净化器的温度、污染状况及不够精准的空燃比控制都会影响其氧化的速度。

图 1-5-43　三元催化净化器实物图

三元催化净化器失效的原因如下。

1）汽油中含有重金属（铅、锰等）、磷或硫，导致催化剂中毒失效。如果车辆使用含铅汽油，催化净化器很容易被沉积的铅堵塞，持续使用含铅汽油会导致催化净化器的损坏。

2）发动机混合气燃烧不完全（缺火等）。由于一个或多个气缸缺火导致的过热，是使催化净化器失效的主要原因。当气缸缺火时，过量的未燃烧的混合气进入催化净化器，致使催化净化器过热，直至催化剂熔化，最终导致催化净化器堵塞失效。

3）外力冲击或骤冷冲击导致催化剂载体破碎。

4）异物堵塞（如发动机烧机油造成固体异物排放）。

（2）三元催化净化器检测

三元催化净化器失效或堵塞，进气歧管压力值会异常升高，除了仪表上的故障警告灯点亮外，可能造成发动机起动困难、怠速抖动、加速无力等故障。检修时可以利用诊断仪器查看氧传感器数据流、排气管背压检测、三元催化净化器温度检测进行故障诊断。

1）三元催化净化器不工作检测。

方法一：前、后氧传感器变化率检测。

可以通过检测前、后氧传感器电压信号变化以确定催化剂性能是否良好，催化剂性能良好的情况下,前氧传感器电压随着废气浓度变化而不断波动,而后传感器电压相对稳定。

催化器前、后氧传感器电压信号变化可以利用故障诊断仪的数据及示波器（双通道）波形监控。图1-5-44所示为催化器前（传感器1）、后氧传感器（传感器2）的监控波形。

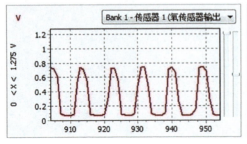 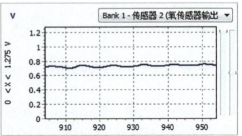

图1-5-44　催化器前（传感器1）、后氧传感器（传感器2）的监控波形

方法二：废气分析。

可以通过废气分析仪检测催化净化器的功能,为了精确检测催化器的功能,必须从前氧传感器的安装位置（即催化净化器之前）取出废气样品,并与从排气管（催化净化器之后）取出的废气样品进行比对。五气分析仪能较好地检测出NO_x、CO、HC、CO_2和O_2的含量,因此能较精准地检测催化净化器的功能。如果从排气管取样的废气已经达到规定的排放标准,则不需再从前氧传感器安装位置取样。

2）三元催化净化器堵塞检测。

方法一：温度检测。

三元催化反应时会产生热量,可以用红外线测温仪（图1-5-45）检测三元催化净化器的入口和出口的温度,出口温度应高出10℃左右,否则可能是三元催化净化器堵塞或失效。

三元催化净化器堵塞时,也会造成催化器温度升高,严重时甚至会导致排气管发红,因此可以利用红外线测温仪比较正常车辆和怀疑故障车辆的催化净化器温度来判断是否堵塞。

方法二：真空度检测。

当三元催化净化器堵塞时,就会导致排气不畅,排气不畅就会导致进气不足,在起动及急速工况下发动机进气管的真空度正常,但当发动机转速升至2 000r/min时,进气管的真空度会下降（图1-5-46）,原因是排气背压增加（即排气管堵塞）。因此,可以利用真空表真空度的变化判断三元催化净化器是否堵塞。有经验的技师可以反复急加速,通过排气声音或是排气管出口的气流变化判断三元催化净化器是否堵塞。

 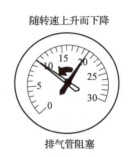

图1-5-45　红外线测温仪　　图1-5-46　排气受阻真空表读数

（3）三元催化净化器检修注意

三元催化净化器检修时应注意：

1）催化净化器必须小心处置，不能跌落、挤压、撞击和焊接，并确保催化净化器正确安装。

2）如果催化净化器因为固体排放物堵塞而发生故障，则可以尝试用专用清洗剂清洗，清洗后无效则必须予以更换。

3）大多数汽车使用的是整体式催化净化器，当催化剂失效时，只能整体更换催化净化器，不能维修。

6. 尾气分析仪的使用方法

尾气分析仪用于检测发动机排放尾气。通过对尾气中的 HC、CO、NO_x、CO_2 和 O_2 的含量分析，可以判断发动机各工况的燃烧情况。因此，尾气分析的结论对发动机故障的诊断有着很重要的参考价值。实践证明，科学、有效地使用尾气分析仪进行尾气分析，能够帮助维修技师解决维修难题。此外，维修技术、分析思路也将得到提升与拓展。图 1-5-47 所示为市场上常见的尾气分析仪。

图 1-5-47　市场上常见的尾气分析仪

尾气分析仪的使用方法可以按生产厂商的说明书操作，或者参照仪器的显示屏提示。下面以南华 NHA-506 型为例，介绍操作步骤。

1）如图 1-5-48 所示，开机预热（时间 30min）。预热的同时检查分析仪外观及管路有无问题。预热结束后会自动进入"泄漏检查"，根据提示操作。

2）如图 1-5-49 所示，进行分析仪自检调零。调零过程中检测探头远离排气管。

3）如图 1-5-50 所示，等待仪器显示调零结果（含量除 O_2 外应都为零）。

图 1-5-48　开机预热　　　　　图 1-5-49　自检调零过程中　　　　　图 1-5-50　调零结果

4）如图 1-5-51 所示，起动发动机并预热后，按 S 或 K 键选择检测方法（选择 K 双怠速）。

5）如图 1-5-52 所示，将发动机加速至 3 500r/min，按下 K 键。

6）如图 1-5-53 所示，保持发动机转速在 3 500r/min，持续 30s。

图 1-5-51　选择检测方法　　　　图 1-5-52　加速发动机　　　　图 1-5-53　保持发动机转速

7）如图 1-5-54 所示，将发动机转速降至 2 500r/min。

8）如图 1-5-55 所示，将发动机转速保持在急速。

图 1-5-54　减速发动机　　　　　　图 1-5-55　保持发动机急速

9）如图 1-5-56 所示，插入取样探头，深入排气管 400mm。继续保持发动机急速，取样倒计时 45s 后读取检测数据。

10）如图 1-5-57 所示，检测结束后取出探头，进行残留清除。

图 1-5-56　读取检测数据　　　　　图 1-5-57　残留清除

▶ **提示**：详细操作步骤请参照仪器显示屏的提示。

项目二
电控柴油机燃油供给系统结构原理与检修

本项目主要学习电控柴油机燃油供给系统结构原理与检修，有两个工作任务：任务一是，电控柴油机燃油供给系统结构认知；任务二是，电控柴油机燃油供给系统检修。通过这两个工作任务的学习，你能够掌握电控柴油机燃油供给系统的结构原理知识，学会利用检测工具进行电控共轨柴油供给系统的检修。

任务一 电控柴油机燃油供给系统结构认知

➡ 情境导入

情境描述

一辆长城哈弗 SUV，装备电控柴油发动机，报修时发动机冒黑烟。你的主管要求你进行检查，你能完成这个任务吗？

情境提示

本情境中，柴油发动机冒黑烟的故障，原因一般出现在燃油供给系统。柴油机的燃油供给系统与汽油机有所区别，长城哈弗采用 GW2.8TC 高压共轨燃油喷射系统，检修前应先认识其结构组成。

➡ 学习目标

知识目标

1）能描述柴油机燃油供给系统的作用与类型。
2）能描述电控柴油机高压共轨燃油喷射系统的结构组成与工作原理。

技能目标

1）能识别传统柴油机燃油供给系统的组成部件。
2）能识别电控柴油机高压共轨燃油喷射系统的组成部件。

一 基本知识

1. 柴油机燃油供给系统概述

（1）柴油机燃油供给系统的作用

柴油机燃油供给系统的作用与汽油机基本相同。

1）在适当的时刻，将一定数量的洁净柴油增压后以适当的规律喷入燃烧室。各缸的喷油正时和喷油量相同，且与柴油机运行工况相适应。喷油压力、喷柱雾化质量及其在燃烧室内的分布与燃烧室类型相适应。

2）在每个工作循环内，各气缸均喷油一次，喷油次序与气缸工作顺序一致。

3）根据柴油机负荷的变化自动调节循环供油量，以保证柴油机稳定运转，尤其是稳定怠速，同时还具有限制超速的作用。

4）储存一定数量的燃油，保证汽车的最大续驶里程。

（2）柴油机燃油供给系统的类型

目前，市场上的柴油机燃油供给系统大部分采用电控燃油喷射系统。电控燃油喷射系统对提高柴油机的动力性能、经济性能，降低噪声和排放都产生了极大的影响。到目前为止，柴油机电控燃油喷射系统已经经历了三代。

1）第一代柴油机电控燃油喷射系统也称为位置控制系统。这种电控柴油机的燃油供给系统与传统柴油机的燃油供给系统差别很小，它不改变传统燃油喷射系统的工作原理和"泵－管－嘴"基本结构，只是采用电控组件代替调速器和供油提前器，对分配式高压燃油泵的油量调节套筒或柱塞式高压燃油泵的供油齿杆位置，以及油泵主动轴和从动轴的相对位置进行调节，以控制喷油量和喷油正时。其优点是无须对柴油机的结构进行较大的改动，生产继承性好，便于对现有机型进行技术改造。其缺点是控制系统执行频率响应仍然较慢、控制频率低、控制精度不够稳定，喷油率和喷油压力难于控制，而且不能改变传统燃油喷射系统固有的喷射特性，因此很难大幅度地提高喷射压力。

2）第二代柴油机电控燃油喷射系统也称为时间控制系统。其特点是利用电磁阀直接控制喷油开始时刻和结束时刻，以改变喷油量和喷油正时。它具有直接控制、响应快等特点。

3）第三代柴油机电控燃油喷射系统为时间－压力控制式，也称为电控共轨燃油喷射系统。这是 20 世纪 90 年代中期的一种新型柴油机电控燃油喷射技术。基本改变了传统燃油供给系统的结构组成，主要以电控共轨（各缸喷油器共用一个高压油管）燃油喷射系统为特征，直接对喷油器的喷油量、喷油正时、喷油速率和喷油规律、喷油压力等进行时间－压力控制。高压燃油泵并不直接控制喷油，而仅向油轨供油以维持所需的燃油压力，并通过连续调节油轨压力来控制压力。电控共轨燃油喷射系统的特点是可实现高压喷射（最高达 200MPa），喷射压力独立于发动机转速，可实现理想的喷油规律，具有良好的喷射特性。

电控共轨燃油喷射系统主要分为中压共轨燃油喷射系统和高压共轨燃油喷射系统两种类型。

①中压共轨燃油喷射系统。中压共轨燃油喷射系统是用油泵将柴油升压至 10~20MPa 的压力，然后将其送入铸造在气缸盖上的共轨内。共轨内的柴油由电子控制单元（ECU）通过各缸喷油器上的电磁阀进行控制，按工作顺序和喷油提前角，将柴油送入喷油器的高压柱塞腔，推动柱塞将喷油器内的柴油进行二次升压，高压柴油打开喷油器针阀，将高压柴油喷入各缸。

②高压共轨燃油喷射系统。高压共轨燃油喷射系统是将柴油用油泵升压至 150MPa 左右，

然后将高压柴油送入共轨内。

在高压燃油泵、压力传感器和电子控制单元（ECU）组成的闭环控制系统中，喷油压力大小与发动机转速无关。在高压共轨燃油喷射系统中，喷射压力的产生和喷射过程是完全彼此分开的。高压燃油泵把高压柴油输入到共轨的蓄压器中，通过对蓄压器内的油压调整实现精确控制，使最终高压油管压力大小与发动机的转速无关。ECU控制喷油器的喷油量，而喷油量大小则由蓄压器中燃油压力和电磁阀开启时间的长短决定，即时间-压力控制式。

电控共轨燃油喷射系统不仅可以实现喷油量和喷油正时的精确控制与调节，还可以实现喷油压力和喷油规律的精确调节和灵活控制。目前，车型采用的电控共轨燃油喷射系统，大多数是高压共轨燃油喷射系统。图2-1-1所示为装置高压共轨燃油喷射系统的柴油发动机。

图2-1-1 装置高压共轨燃油喷射系统的柴油发动机

2. 电控柴油机高压共轨燃油喷射系统结构组成与工作原理

下面以典型的高压共轨燃油喷射系统为例，介绍电控柴油机燃油供给系统的结构组成与工作原理。

高压共轨燃油喷射系统能够保证柴油机达到最佳的燃烧比和良好的雾化，以及最佳的工作时机和最少的污染排放。

图2-1-2所示为高压共轨燃油喷射系统结构示意图。燃油在齿轮泵（输油泵）的抽吸作用下从燃油箱流经吸入侧滤清器进入齿轮泵，然后齿轮泵将燃油推送到压力侧滤清器过滤后进入高压燃油泵，燃油在高压燃油泵的增压作用下进入高压油轨（共轨）内，燃油在流向喷油器内，喷油器在电子控制单元（ECU）的控制下打开时，燃油便从喷油器中喷射出。

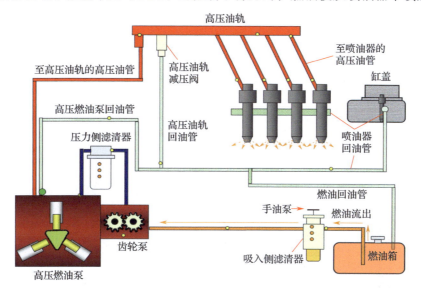

图2-1-2 高压共轨燃油喷射系统结构示意图

高压共轨燃油喷射系统主要由燃油供给系统和燃油喷射控制系统两大部分组成。

（1）高压共轨燃油供给系统

根据燃油压力的高低和流向，可以将燃油供给系统分为低压油路部分、高压油路部分和回油管路三个部分。

1）燃油从燃油箱出来经过吸入侧滤清器、齿轮泵（输油泵）、压力侧滤清器到高压燃油泵的入口这段油路属于低压油路部分。

2）燃油经过高压燃油泵增压后流出，经过高压油轨（共轨）后流入喷油器的这段油路属于高压油路部分。

3）部分燃油在发动机运行时从高压燃油泵的回油管、高压油轨（共轨）的回油管、喷油器回油管汇合到燃油回油管后流回燃油箱，这部分油路属于回油管路部分。

（2）高压共轨燃油喷射控制系统

如图2-1-3所示，高压共轨燃油喷射控制系统由传感器、电子控制单元（ECU）和执行器三部分组成。传感器采集柴油机的转速、温度、压力、流量和加速踏板位置等信号，并将实时检测的参数输入ECU；ECU是电控系统的"指挥中心"，将来自传感器的信息同存储的参数值进行比较、运算，确定最佳运行参数；执行器（喷油器电磁阀等）按照最佳参数对喷油压力、喷油量、喷油时间、喷油规律等进行控制，驱动喷油系统，使柴油机工作状态达到最佳。

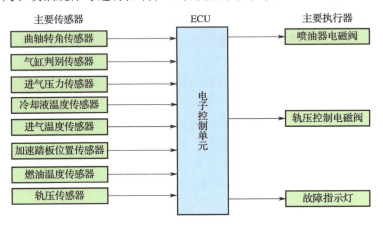

图2-1-3 高压共轨燃油喷射控制框图

电控柴油机的喷油量、喷油时间和喷油规律除了取决于柴油机的转速、负荷外，还跟众多因素有关，如进气流量、进气温度、冷却液温度、燃油温度、增压压力、凸轮轴位置、废气排放等。有关传感器的结构和原理与汽油机电控汽油喷射系统的传感器基本相同。

图2-1-4所示为高压共轨燃油喷射控制系统示意图。ECU分别与燃油泵执行器、油轨压

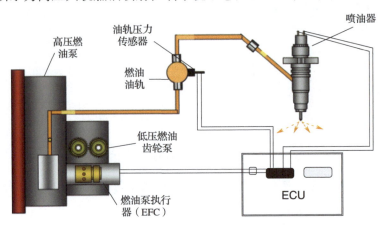

图2-1-4 高压共轨燃油喷射控制系统示意图

力传感器和喷油器相连，其中燃油泵执行器和喷油器属于执行器。油轨压力传感器实时监测油轨中的油压，并将油压信号传输给 ECU；燃油泵执行器接收 ECU 传输的脉宽调制信号控制高压燃油泵的进油量；喷油器接收 ECU 开关信号控制喷油器打开和关闭。

（3）高压共轨燃油喷射系统主要部件

以下介绍电控柴油机高压共轨燃油喷射系统的主要部件。

1）输油泵。输油泵的作用是将燃油箱中的燃油吸出加压到一定的低压压力，再输送给高压燃油泵。输油泵有电子滚子式和机械齿轮驱动两种形式，大部分车型采用机械齿轮泵形式的输油泵，由高压燃油泵泵轴驱动。齿轮式输油泵（图 2-1-5）在工作时主要由两个在旋转时相互啮合的反转齿轮产生吸力，将燃油从燃油箱抽出。

2）燃油滤清器。燃油滤清器（图 2-1-6）的作用是过滤柴油中的杂质和水，以保证燃油系统的清洁。柴油中含有可溶性乳状液或水，若水进入燃油喷射系统，则会腐蚀喷射系统的元件。柴油机通常采用吸入侧滤清器和压力侧滤清器两级过滤。吸入侧滤清器安装在燃油箱与输油泵进口之间，配有油水分离器和手油泵。油水分离器可以将水从水分收集器中排出，手油泵可以帮助排出燃油系统中的空气。压力侧滤清器安装于低压输油泵出口与高压燃油泵之间，其燃油过滤精度可达 5μm。

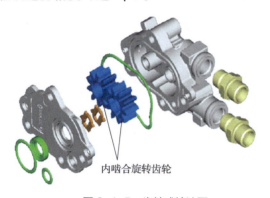

图 2-1-5　齿轮式输油泵

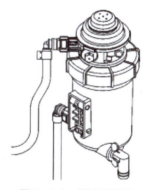

图 2-1-6　燃油滤清器

3）高压燃油泵。高压燃油泵的作用是产生高压燃油。在高压共轨燃油喷射系统中，常见的高压燃油泵有径向柱塞式和直列式高压燃油泵两种。其机械结构和工作原理与传统柴油机基本相似。

博世公司的高压共轨燃油喷射系统常采用一种径向柱塞泵（也称为 VP 泵，图 2-1-7），它采用三个径向布置的柱塞泵油元件，相互错开 120°，由偏心凸轮驱动，出油量大，受载均匀，能提供高达 160~180MPa 的喷油压力（这个压力还在不断提高）。设在高压燃油泵端部的齿轮式输油泵由同一根轴驱动。

博世径向柱塞泵内部有低压油道（图 2-1-8）和高压油道（图 2-1-9）。燃油在高压燃油泵内先经过阶跃回油阀，该阀提供一股稳定的燃油流来润滑和冷却油泵内部的运动部件，当燃油流量增加时，阶跃回油阀柱塞升起，提供额外的通道来提供更多的燃油润滑高压燃油泵；当燃油流量继续增加

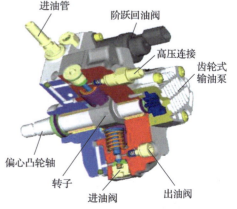

图 2-1-7　博世径向柱塞式高压燃油泵

时，阶跃回油阀柱塞继续升起，打开下部出口，把多余的燃油经内部油道泵流回齿轮式输油泵入口。

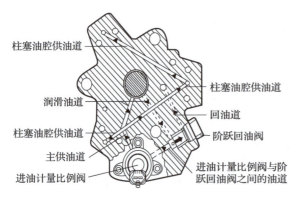

图 2-1-8 博世径向柱塞泵低压油道

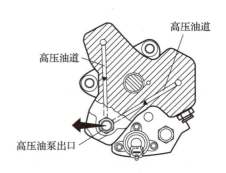

图 2-1-9 博世径向柱塞泵高压油道

进入高压燃油泵柱塞腔的燃油则由一个电子燃油控制执行器（EFC，图 2-1-10）控制。

电子燃油控制执行器（EFC）是一个常开的滑阀，当断电时，阀的开度最大。发动机的电子控制单元（ECU）通过脉冲宽度调制（PWM）信号对其进行控制，来控制进入柱塞腔的燃油量。ECU 根据油轨压力、发动机转速和负荷等信息控制进入柱塞腔的燃油量来优化高压燃油泵消耗的动力。有的高压燃油泵在供油量小时，采用关闭三个柱塞腔中的一个来节省动力。

图 2-1-10 电子燃油控制执行器（EFC）

高压燃油泵的泵轴旋转时，一个偏心凸轮轴转子推动柱塞作往复运动，柱塞向中心运动时，进油单向阀开启，燃油进入柱塞腔，柱塞向外运动时，进油阀关闭，柱塞腔内的燃油被加压，在压力克服了出油阀上的作用力后，高压燃油进入高压油腔，与来自其他柱塞腔的高压燃油汇合，通过一根高压油管进入油轨，如此循环往复。

高压燃油泵的工作压力随不同的发动机有可能不同，如采用博世公司高压共轨燃油喷射系统，其工作压力范围为 30~140MPa，在油轨内的压力超过 165MPa 时，安装在油轨上的限压阀会打开而释放多余的燃油。近年康明斯生产的 ISDe 柴油机，燃油系统的工作压力范围为 25~160MPa，当油轨内压力超过 180MPa 时，油轨上的限压阀会打开。

4）高压油轨。高压油轨的作用是蓄压和分配燃油，保持压力稳定的同时还限制最高燃油压力，使之不超过安全限值。各缸的喷油器分别通过高压油管与高压油轨相连，在发动机工作时，高压燃油时刻作用在各喷油器上，即高压油轨为公用，该燃油系统因此而得名高压共轨系统。

如图 2-1-11 所示，高压油轨是一根经激光焊接制成的锻钢管，高压油轨上还有油轨压力传感器、限压阀、流量限制器，以及高压进油管、低压回油管、喷油器的接头等部件。

5）油轨压力传感器。油轨压力传感器（图 2-1-12）安装在高压油轨上，其主要作用是实时监测油轨中燃油的压力值,并把监测到的信号传输给ECU。ECU通过此传感器来监测油轨压力,并对电子燃油控制执行器(EFC)进行控制。

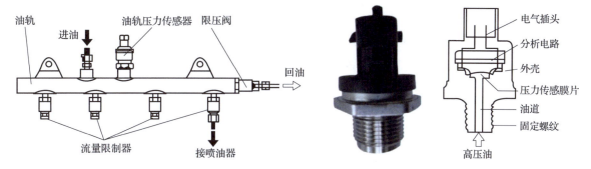

图 2-1-11　高压油轨(共轨)　　　　　图 2-1-12　油轨压力传感器

油轨压力传感器通常属于压电晶体式传感器,其工作原理是以石英晶体的压电效应为基础,在外力的作用下,石英晶体表面便会产生电荷,进而产生电压(电压变化范围为0~70mV,通过放大电路放大至0.5~4.5V)。油轨压力偏高时,ECU检测到低电压信号;油轨压力偏低的条件下,ECU检测到高电压信号。

6)限压阀和流量限制器。限压阀(图 2-1-13)在油轨压力超过设定值时开启,让过多的燃油与喷油器和燃油泵的回油汇合后流回燃油箱。

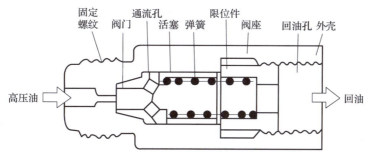

图 2-1-13　限压阀

有的油轨上装有流量限制器(也称为液流缓冲器,图 2-1-14),其作用是保证在喷油器或高压油管出现燃油泄漏故障时,切断向喷油器的供油。流量限制器活塞在静止时,由于受弹簧的作用力,总是靠在堵头一端。在一次喷油后,喷油器端的压力下降,活塞在油轨压力作用下向喷油器端移动,但并不关闭密封座面。只有在喷油器出现持续喷油或高压油管漏油,导致活塞下移量大,才封闭通往喷油器的通道,切断供油。油轨内空腔的大小经过了精心选择,兼顾了抑制油轨内的压力波动和起动响应的要求。

7)喷油器。喷油器是高压共轨燃油喷射系统的核心部件,其作用是执行ECU发出的喷油指令,准确地控制向气缸喷油的时刻、喷油量和喷油规律。

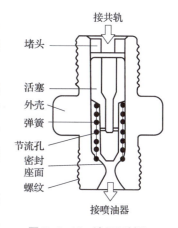

图 2-1-14　流量限制器

①喷油器的结构组成。喷油器由五大组件组成:电磁铁组件、衔铁组件、阀组件、喷油器体和油嘴偶件。图 2-1-15 所示为喷油器的结构组成。

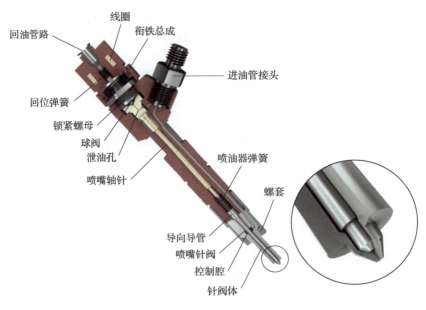

图 2-1-15 喷油器的结构组成

a）电磁铁组件：由线圈等组成，它在通电的情况下会产生电磁力，吸引衔铁盘上移，起到控制喷嘴针阀的作用。

b）衔铁组件：由衔铁心、衔铁盘、衔铁导向（衔铁总成）等组成，它在电磁力的作用下上下运动，是控制喷油器喷射与否的控制部件之一。

c）阀组件：由阀座和球阀两个部件偶配而成，二者之间的配合间隙仅 3~6μm。阀组件是控制喷油器回油的主要运动部件之一。

d）喷油器体：喷油器体有高、低压油管路，是主要的承压部件。

e）油嘴偶件：由针阀和针阀体组成，结构上与传统的机械油嘴无异。它负责往燃烧室内喷油，是实现精确喷射、油雾形成等的关键部件。

②喷油器的工作原理。如图 2-1-16 所示，喷油器的工作状态分为初始、开启和结束三个状态。

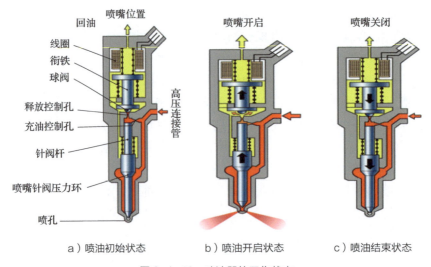

图 2-1-16 喷油器的工作状态

a）喷油器初始状态。当喷油器电磁阀未被触发时，小弹簧将球阀压向释放控制孔上，在控制腔内形成共轨高压；同样，喷嘴腔内也形成共轨高压，共轨压力对控制柱塞端面的压力和喷嘴弹簧的压力与高压燃油作用在针阀锥面上的开启力相平衡，使针阀保持关闭状态，如图 2-1-16a 所示。

b）喷油开启状态。当电磁阀被触发时，泄油口打开，燃油从阀控制室中流到上方的空腔中（从空腔通过回油管道返回燃油箱），使控制室压力降低；控制室压力降低，减少了作用在控制柱塞上的力，这时，喷嘴针阀被打开，喷油器开始喷油，如图 2-1-16b 所示。

c）喷油结束状态。电磁阀一旦断电不被触发，小弹簧力会使电磁阀下压，球阀将泄油孔关闭；泄油孔关闭后，燃油从进油孔进入控制室建立起油压（这个压力为油轨压力），这个高压作用在控制柱塞端面上，油轨压力加上弹簧力大于针阀锥面上的压力，使喷嘴针阀关闭，如图 2-1-16c 所示。

8）高压连接管。电控柴油机因其气门数的不同（每缸 2 气门或 4 气门），其喷油器的布置有所不同。2 气门的电控柴油机喷油器布置与传统柴油机相同，各缸高压油管分别连接各喷油器与油轨；4 气门发动机的喷油器布置在气缸中心线上，高压燃油必须借助一根连接管经高压油管输送到喷油器，如图 2-1-17 所示。高压连接管的头部腔内设有一颗粒粉碎器（Edge Filter），其作用是粉碎燃油中可能存在的较大颗粒物，以免引起喷油器故障。必须指出的是，喷油器和燃油连接管的安装必须严格按照规范执行，否则会引起燃油泄漏而引发故障。更换喷油器时必须同时更换连接管。

在高压共轨燃油喷射系统中，由于喷射压力非常高，柴油机在运转中不得松开高压油管接头或用手触摸查找接头有无泄漏，而应该用一片白纸置于油管接头附近来查找泄漏，如图 2-1-18 所示。

图 2-1-17　4 气门柴油机喷油器和高压连接管

图 2-1-18　高压共轨燃油系统泄漏的检查

9）传感器。电控柴油机采用的传感器与电控汽油机基本相同。曲轴转速传感器检测发动机的转速；凸轮轴相位传感器确定喷油顺序和相位；加速踏板位置传感器通过电压信号告知 ECU 关于驾驶员对转矩的要求；空气质量传感器告知 ECU 发动机实时的进气流量，以根据排放要求来匹配相应的基本喷油量。

在带有增压压力调节的增压柴油机上，增压压力传感器用以测定增压压力，在低温柴油机处于冷状态时，ECU 根据冷却液温度传感器和进气温度传感器的信号值。ECU 借助于传感器得知驾驶员的要求及发动机和车辆的实时工作状态，它处理由传感器产生并经数据导线输入的信号，燃油经过运算处理，得出喷油正时和喷油量，ECU 便给燃油泵执行器和喷油器发出指令。电子燃油控制执行器（EFC）控制高压燃油泵的进油量来改变油轨的燃油压力，喷油器根据 ECU 指令进行开闭控制（开启时间）以达到精确喷油的目的。另外，ECU 还会给喷油器发出指令，以实现主喷、次喷、后喷，或者其他形式的喷油。

二 基本技能

1. 传统柴油机燃油供给系统的组成部件识别

（1）传统柴油机燃油供给系统的组成部件位置

图 2-1-19 所示为传统柴油机燃油供给系统的组成部件位置图。

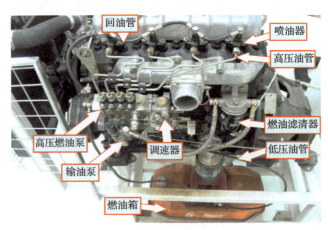

图 2-1-19　传统柴油机燃油供给系统的组成部件位置图

传统柴油机燃油供给系统油路（图 2-1-20）路径为：燃油箱→输油泵→燃油滤清器→高压燃油泵→高压油管→喷油器→回油管（多余的燃油）→燃油箱。

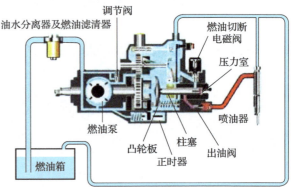

图 2-1-20　传统柴油机燃油供给系统油路

（2）传统柴油机燃油供给系统主要部件认识

传统柴油机燃油供给系统主要部件介绍如下。

1）高压燃油泵。高压燃油泵又称为高压油泵、喷油泵，一般固定在机体一侧的支架上，由柴油机曲轴通过齿轮驱动，齿轮轴和高压燃油泵的凸轮轴用联轴节连接，调速器安装在高压燃油泵的后端。

高压燃油泵按作用原理的不同，可分为柱塞式高压燃油泵和 VE 型分配式高压燃油泵。

①直列柱塞式高压燃油泵。直列柱塞式高压燃油泵（图 2-1-21）每个气缸都有一套泵油机构，几个相同的泵油机构装置在同一泵体上就构成了多缸发动机高压燃油泵。

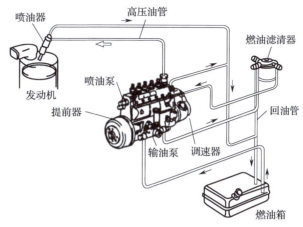

图 2-1-21　直列柱塞式高压燃油泵

② VE 型分配式高压燃油泵。VE 型分配泵（图 2-1-22）由驱动机构、二级叶片式输油泵、高压分配泵头和电磁式断油阀等部分组成，机械式调速器和液压式喷油提前器安装在分配泵体内。

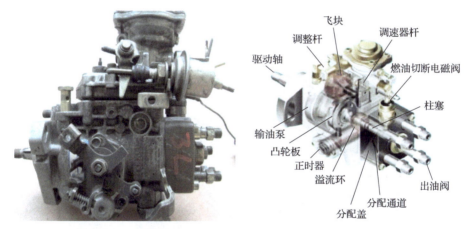

图 2-1-22　VE 型分配式高压燃油泵

2）输油泵。输油泵的作用是保证柴油在低压油路内循环，并保证足够数量及一定压力的柴油给高压燃油泵，其输油量应为全负荷最大喷油量的 3~4 倍。传统柴油机常用的输油泵有活塞式（图 2-1-23）、叶片式（图 2-1-24）和齿轮式等类型。

图 2-1-23　活塞式输油泵　　　　图 2-1-24　叶片式输油泵

3）喷油器。传统柴油机采用机械式喷油器（图2-1-25）。喷油器的喷油压力较高，为12~25 MPa。

4）增压器。增压器（图2-1-26）的作用是利用发动机排气的动力使进气增压，增加密度以达到增加进气量，提高发动机动力，降低废气排放。它主要由涡轮和压气机组成。

图2-1-25　喷油器

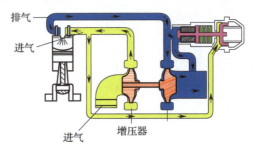

图2-1-26　增压器

2. 电控柴油机高压共轨燃油喷射系统的组成部件识别

参照"基本知识"的内容，以长城哈弗电控柴油机为例，识别电控柴油机共轨燃油喷射系统的组成部件。

（1）电控柴油机总成及燃油喷射系统的认识

长城哈弗电控柴油机总成如图2-1-27所示，共轨燃油喷射系统部件组成如图2-1-28所示。

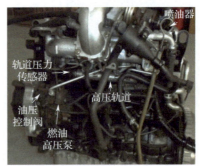

图2-1-27　长城哈弗电控柴油机总成

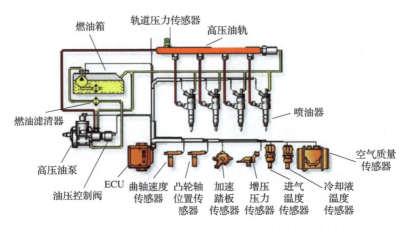

图2-1-28　长城哈弗电控柴油发动机共轨燃油喷射系统部件组成示意图

（2）长城哈弗电控柴油机主要技术参数认识

长城哈弗电控共轨柴油发动机主要技术参数见表 2-1-1～表 2-1-3。

表 2-1-1　GW2.8TC 型增压柴油机主要技术参数

项　目	单　位	技术参数
型式		直列、水冷、电控高压油轨直喷、增压
燃烧室型式		ω 型
缸数	缸	4
缸径	mm	93
冲程	mm	102
压缩比		17.2:1
排量	L	2.771
工作顺序		1-3-4-2
标定功率 / 转速	kW/（r/min）	70±3/3 600
最大转矩 / 转速	N·m/（r/min）	225±5/1 600~600
最低燃油消耗率	g/kW·h	≤ 218
急速转速	r/min	800±30
曲轴旋转方向（面向飞轮端）		逆时针
润滑方式		压力、飞溅复合式
机油容量	L	5.6（清洗或更换机油滤清器时）
净质量	kg	≤ 240
外形尺寸	mm	715×581×781

表 2-1-2　GW2.8TC 型增压柴油机主要零部件技术规格 1

附件系统和名称		规　格	附件系统和名称		规　格
润滑系统	机油泵	齿轮式	冷却系统	冷却液泵	离心式
	机油滤清器	旋转式		冷却液泵扬程（3 000r/min）	7m
供给系统	燃油滤清器	旋转式，带手动输油泵，油水分离器、柴油加热器。纸滤芯颗粒过滤率，>15μm 100%；3~5μm，94.5%		节温器型式	蜡式节温器
	高压燃油泵	博世 CB18 型，直列二柱塞泵		风扇型式	硅油离合器和塑料风扇直联或独立电动风扇
	高压油轨	博世 HFR 型，整体热锻式，最大供油压力 140MPa	电气系统	电热塞电压	12V
	喷油器	CRI 2.0 型，带 6 孔喷口，电磁阀灵敏度 0.23ms		起动电动机规格	12V，2.8kW
进气系统	增压器	最高转速 180 000r/min，最高压比 2		发电机规格	14V，1080kW
				发电机转向	顺时针（从曲轴传动带轮端看）

表 2-1-3　GW2.8TC 型增压柴油机主要零部件技术规格 2

零部件名称	型　号	安装位置	规　　格
电子控制单元	EDC16C39	机罩内	工作电压 12V
曲轴转速传感器	DG6	飞轮壳上部	工作间隙 0.5~1.5mm
凸轮轴位置传感器	PG 3.8	带轮室盖外面	工作间隙 0.2~1.8mm
冷却液温度传感器	TF-W	节温器下盖	额定电压 5V±0.15V，NTC 式 20℃时额定电阻 2.5kΩ±0.6%，100℃时额定电阻 0.186kΩ±2%
空气流量传感器	HFM6	压气机进气口	工作电压 7.5~17.0V，流量测试范围 40~640kg/h
高压油轨压力传感器		高压油轨前端	电阻式，输出 0.5~4.5V 电压
加速踏板位置传感器	FPM	驾驶室内	电源电压 5V
预热塞	GSK2	气缸盖顶面	保持恒温 3min
EGR 阀	TF117	进气管后端	真空式

任务二　电控柴油机燃油供给系统检修

情境导入

情境描述

一辆长城哈弗 SUV，装备电控柴油发动机，报修时发动机冒黑烟。初步诊断是油轨压力传感器故障。你的主管把这个检修任务分配给你，你能完成吗？

情境提示

本情境中，故障出现在高压共轨燃油喷射系统，除了熟悉共轨燃油喷射系统的组成部件外，应采用检测仪器对电控系统进行检测。

学习目标

知识目标

1）能描述电控柴油机燃油供给系统检修注意事项。
2）能描述高压共轨燃油喷射系统油路检测方法。
3）能描述高压共轨燃油喷射系统 ECU 及线路检测方法。

技能目标

1）能进行电控柴油机高压共轨燃油喷射系统的压力测量。
2）能进行电控柴油机电控系统的故障码和数据流读取。
3）能进行电控柴油机电控系统的 ECU 电源电路及 ECU 检测。
4）能进行电控柴油机电控系统的喷油器控制电路检测。

一 基本知识

1. 电控柴油机燃油供给系统检修注意事项

（1）清洁注意事项

因为检修时会使燃油供给系统或发动机内部部件在解体前受污染，所以在检修任何燃油供给系统部件（如燃油管、燃油泵、喷油器等）前，应清洁管路接头、固定件和需要拆卸部件周边区域。如果没有清洁周边区域，则燃油供给系统或发动机内部可能会被污染，从而导致相关部件损坏。喷油器的内部油道通常非常细小，极易被污染物堵塞。高压燃油能够使单一的污物和铁锈颗粒变成非常具有研磨性的污染物，会损坏高压燃油泵精密部件和喷油器。

1）清洁燃油系统管路接头上的污物和碎屑时，使用专用的清洁剂，不要使用压缩空气。
2）使用不起毛的毛巾进行燃油供给系统清洁操作。
3）断开燃油系统时，需盖住或塞住燃油管路、接头和进、出油口。
4）松开油管或管路接头，注意清除掉落的油漆和铁锈。
5）不要对压力侧滤清器进行预加注，避免未过滤的燃油进入系统。

（2）其他注意事项

1）电控柴油机应使用高品质燃油（柴油）。不可在缺油的情况下强行运转发动机。当组合仪表上的燃油警告灯点亮时，应尽快加油。
2）发动机运转时或电子控制单元（ECU）通电时，不可连接或断开与 ECU 相连的任何插接器，否则可能损坏 ECU。
3）发动机起动后，不能立即猛踩加速踏板，应先运行几分钟，使发动机部件得到润滑，温度提升后，才能踩下加速踏板，提高发动机转速。
4）发动机运转时，高压共轨内部压力高达 25~35MPa，严禁松开高压油管接头，也不能用断缸试验法来判断某一缸工作好坏，避免造成人身伤亡事故。

2. 高压共轨燃油喷射系统油路检测方法

在检测高压共轨燃油喷射系统油路故障时，首先应检测低压油管是否安装正确，然后确认油轨压力传感器数据的准确性。使用检测仪器检测"控制油轨压力"和"实测油轨压力"，如果实测的油轨压力不能与控制油轨压力一致，那么燃油供给系统一定有故障。如果出现现行的不正常油轨压力故障码，或多次出现的、非现行的不正常油轨压力故障码，也可以说明燃油供给系统存在故障。

图 2-2-1 所示为高压共轨燃油喷射系统油路测量流程图，图中箭头方向表示燃油流

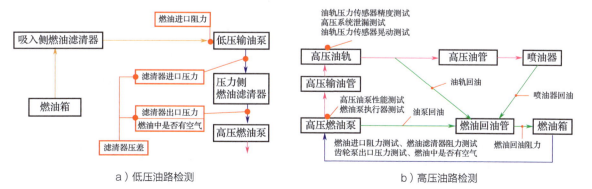

a）低压油路检测　　　　　　　　　　　b）高压油路检测

图 2-2-1　高压共轨燃油喷射系统油路测量流程图

动方向，红字表示测量和检测的位置。下面根据低压油路检测和高压油路检测介绍测量流程。

（1）低压油路检测

在检测时，可首先测量"高压燃油泵进口阻力"是否符合规范，由此可以确认燃油供给系统故障点在低压油路还是高压油路。若符合规范，则说明低压油路正常；若不符合规范，则需继续检测低压油路。

若低压油路存在故障，则可先排除"燃油中有空气"，然后测量"燃油进口阻力"。若燃油进口阻力符合规范，则说明齿轮泵之前的油路是正常的；若不符合规范，则需继续检测齿轮泵之前的油路及部件。

若燃油进口阻力正常，则继续测量"齿轮泵输出压力"。若齿轮泵输出压力符合规范，则说明齿轮泵之前的油路及部件正常，压力侧滤清器可能存在故障（通过"压力侧滤清器前后压差"判断压力侧滤清器是否堵塞）；若不符合规范，则齿轮泵可能存在故障。

（2）高压油路检测

若"高压燃油泵进口阻力"符合规范，则需继续测量"高压燃油泵回油量"和"高压燃油泵流量"。若高压燃油泵的回油量或输出流量不符合规范，则高压燃油泵可能存在故障；若高压燃油泵的回油量和输出流量都符合规范，则需继续测量"高压油轨回油量"。若油轨的回油量不符合规范，则说明油轨可能存在故障；若油轨的回油量符合规范，则需继续测量"喷油器回油量"。若喷油器的回油量不符合规范，则说明喷油器可能存在故障；若喷油器的回油量符合规范，则需继续测量"回油管阻力"。若燃油回油管阻力不符合规范，则说明燃油回油管可能存在故障。

低压油路、高压油路和回油油路的测量均分为发动机能起动和不能起动两种情况，且当发动机能起动时，测量又分为低怠速运转和高怠速运转，部分测量需加装指定规格量孔的测量油管。以上测量标准及规范以厂家维修手册为准。

3. 高压共轨燃油喷射系统 ECU 及线路检测方法

（1）ECU 的功能

电控柴油机高压共轨燃油喷射系统的电子控制单元（ECU）接收和处理传感器的所有信息，按控制程序进行运算，然后发出各种控制脉冲指令给执行器或直接显示控制参数，其中喷油量和喷油正时脉冲是 ECU 发出的最重要的控制指令。ECU 实现整车统一的电子控制，具体功能如下。

1）处理输入信息，将所输入的信息转换为 ECU 所能接收的信号。
2）存储输入信息，供 ECU 在合适的时刻使用。
3）存储和计算处理各种数据、信息，产生控制命令。
4）进行故障诊断，与故障诊断仪器通信。
5）实现数据、信息的通信与交换。
6）产生各种供电子元件参考对比的信号电压，通常为 5V，也有部分为 8V、9V 及 12V 等。ECU 信号电压工作范围和故障码的产生条件：在规定电压范围内（图2-2-2）电压在 0.25~4.75V 内属于正常电压，如果高出或低于该电压范围内，就会产生故障码。

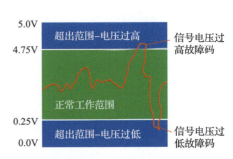

图 2-2-2 ECU 信号电压工作范围

（2）ECU 的结构组成

1）硬件部分。ECU 的硬件部分包括微处理器或中央处理器（CPU）、各种存储器、输入和输出接口（含模数转换 A-D）以及上述各部分之间传递信息的数据总线、电源等（图 2-2-3）。

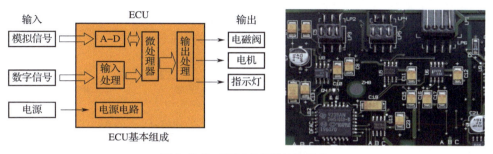

图 2-2-3　ECU 的硬件结构组成

2）软件部分。柴油机的各种性能调节曲线和控制程序，以信号采集作为输入，经过 ECU 计算处理、分析判断、决定对策，然后输出控制指令指挥执行器动作，有时 ECU 还要给传感器提供稳压电源或参考信号电压，其全部功能是通过各种硬件和软件来共同完成的。

ECU 零件号代表了 ECU 硬件类型。对同一平台的柴油发动机，由于应用场合的不同，ECU 会有所不同。对车用和工程机械应用，通常 ECU 的型号和零件号是一样的，但采用不同的标定软件。对同一型号的发动机，在相同的应用场合，ECU 内的控制软件可能有所不同，这是由于发动机的功率、适应的排放法规的不同等原因造成的。在重新标定 ECU 时，必须注意选择合适的标定软件，这些不同的标定软件是通过 ECU Code（编码）号来区分的。图 2-2-4 所示的是 ECU 零件号位置及端子针脚号。

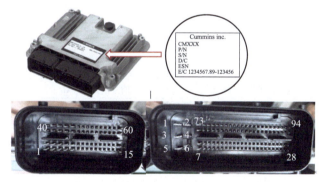

图 2-2-4　ECU 零件号的位置及端子针脚号

（3）ECU 电源电路的结构组成

ECU 电源电路是柴油机电控系统正常工作的前提保障。其控制电路主要有两种形式：一种是无主继电器的 ECU 电源电路（图 2-2-5）；另一种是有主继电器的 ECU 电源电路（图 2-2-6）。主继电器在一些车辆上称为上电继电器，有些车辆则包括燃油泵的控制。无论哪种控制方式，在 ECU 上必须满足常电源供电（直接来自蓄电池）、点火供电（来自点火开关）以及搭铁回路。其中，常电源供电的主要作用是故障记忆或兼功率用电；点火供电的主要作用是对 ECU 的唤醒及其他信号的输入。

正常情况下，接通点火开关，ECU 要进行自检。故障指示灯应点亮 3~5s 然后熄灭，同时 ECU 会输出各传感器、信号开关的工作电源（大多为 5V）以及为相关的执行器提供工作电源（12V），说明 ECU 供电基本正常。

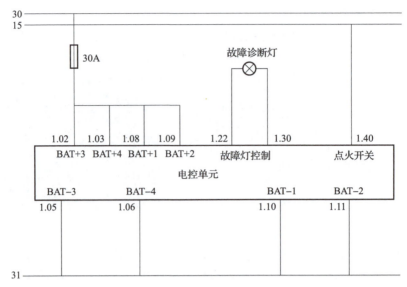

图 2-2-5　无主继电器的 ECU 电源电路

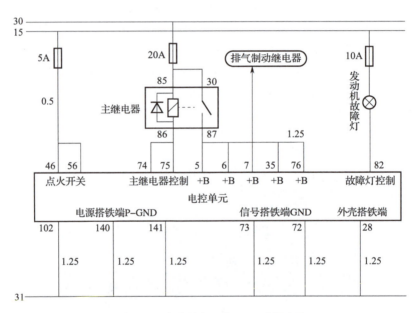

图 2-2-6　有主继电器的 ECU 电源电路

ECU 电源电路由三路组成：不间断电源电路、开关电源电路和搭铁电路。不间断电源电路（蓄电池直接向 ECU 供电，中间没有开关），ECU 断电 30s 后才可断开不间断电源，否则会影响数据存储；经过点火开关的开关电源电路，由点火开关控制是否向 ECU 供电；搭铁电路是 ECU 到蓄电池负极的搭铁线。如果这三路电路出现故障，则将导致无法向 ECU 提供工作电源，柴油机将无法起动运转，同时 ECU 也将不能与故障诊断仪器建立连接。

二　基本技能

1. 电控柴油机高压共轨燃油喷射系统的压力测量

参照"基本知识"的内容，以长城哈弗电控柴油机为例，测量电控柴油机共轨燃油喷射系统的压力。

> **提示**：低压油路和回油油路的检测可通过进、回油测试组件（燃油压力表）进行检测；高压油路因有高压燃油，故仅能使用故障诊断仪器进行油轨压力传感器的数据流读取。

（1）检测燃油管路中有无空气

1）断开蓄电池负极。

2）将合适孔径的节流式诊断用燃油管安装到压力侧燃油滤清器的进口处。旁通部分燃油，用于模拟额定工况下流经低压燃油系统的燃油量，无须带载运行发动机，将燃油管出油口浸没在装有适量燃油的容器中，如图2-2-7所示。

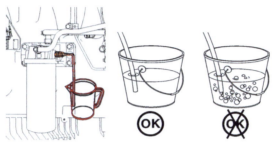

图2-2-7 检测燃油中有无空气

3）接上蓄电池负极，起动发动机并使发动机从怠速运转到高怠速几次，以排出安装诊断燃油管时进入的空气。观察容器中是否还有气泡产生，直至没有气泡产生。

（2）测量燃油进口阻力

1）断开蓄电池负极。

2）如图2-2-8所示，将合适的管接头安装到压力侧燃油滤清器进口处。将节流式诊断用燃油管安装到压力侧燃油滤清器进口处的管接头上。节流式诊断用燃油管用于产生流过低压燃油系统的额定流量，而不需要带负载运转发动机。获取一个适合于收集从诊断用燃油管中流出的燃油的容器。

3）如图2-2-9所示，在齿轮泵进口，测试管接头上安装一个真空表。

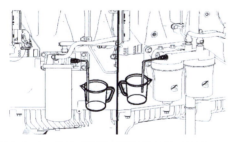 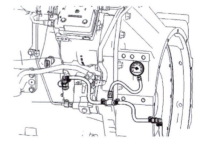

图2-2-8 节流式诊断用燃油管安装（滤清器入口）　　图2-2-9 测量燃油进口阻力

4）接上蓄电池负极，在高怠速下操作发动机，并测量进口阻力。观察压力表上的读数，查阅维修手册上的标准（高怠速时允许的最大燃油进油阻力为41kPa）。如果燃油进口阻力过高，则进行检测：从燃油箱连出的燃油管路尺寸是否正确，燃油管路中是否扭结或弯曲，并且燃油管路是否堵塞；检测吸入侧滤清器；燃油箱竖管是否堵塞；燃油加热器阀是否堵塞。

（3）测量齿轮泵输出压力

1）断开蓄电池负极。

2）断开压力侧滤清器入口处或燃油齿轮泵出口处的快装接头。

3）如图 2-2-10 所示，当发动机能起动时，将合适的管接头安装到燃油滤清器座的进口处。将压力表安装到燃油滤清器座进口处的管接头上。

使发动机高怠速运转，然后观察燃油齿轮泵压力。查阅维修手册上标准（高怠速时允许的最小齿轮泵压力为 517kPa）。

4）如图 2-2-11 所示，若发动机不能起动，将合适的管接头安装到燃油滤清器座的进口处。在燃油滤清器座进口处的管接头上安装压力表。

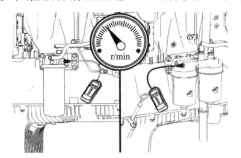
图 2-2-10　发动机能起动时的齿轮泵压力测试

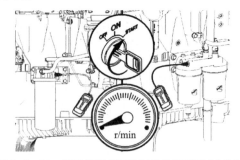
图 2-2-11　发动机不能起动时的齿轮泵压力测试

点火开关置于起动档（START），用起动机带动发动机短暂运转，并观察燃油齿轮泵压力。查阅维修手册上的标准（高怠速时允许的最小齿轮泵压力为 69kPa）。

（4）测量燃油滤清器阻力

1）断开蓄电池负极，并释放高压燃油压力。

2）如图 2-2-12 所示，将合适的管接头安装到燃油滤清器座的两个出口处。将节流式诊断用燃油管连接到燃油滤清器座出口处的管接头上，并导引至燃油箱或其他适当的容器中。

3）如图 2-2-13 所示，将合适的管接头安装到燃油滤清器座的进口处。将压力表安装到燃油滤清器座进口处的管接头上。高怠速运转发动机，并观察燃油滤清器进口压力。查阅维修手册上的标准（高怠速时允许的最小燃油滤清器阻力为 138kPa）。

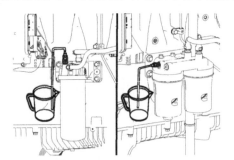
图 2-2-12　节流式诊断用燃油管安装（滤清器出口）

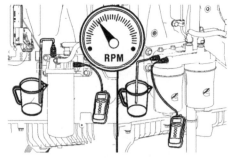
图 2-2-13　燃油滤清器阻力测试

（5）测量燃油泵回油管阻力

燃油泵回油管阻力测量是在连接车辆回油管的地方附近进行。将喷油器回油管、燃油油轨减压阀和燃油泵回油管连接到燃油回油管和高压燃油泵之间的单个管接头上。

1）断开蓄电池负极。

2）如图 2-2-14 所示，拆下燃油泵回油管接头连接处的回油管空心螺栓。在空心螺栓位置上安装空心螺栓压力表工具；将合适的管接头安装到空心螺栓中，然后将燃油压力表安装到管接头上。

3）接上蓄电池负极，在起动或高怠速下操作发动机，并测量燃油压力。

4）观察压力表上读数，查阅维修手册上标准（燃油泵回油管最大阻力为13.5kPa）。如果回油管阻力太高，则检测高压燃油泵的回油口至燃油箱的回油管尺寸是否正确，是否有泄漏、弯曲或堵塞，燃油箱通风管是否堵塞。

（6）测量燃油减压阀回流流量

1）断开蓄电池负极。

2）如图2-2-15所示，拆下连接燃油减压阀和燃油回油管的空心螺栓，将燃油泵测试仪安装到燃油减压阀上，然后将软管从该适配器导引至一个量筒中。

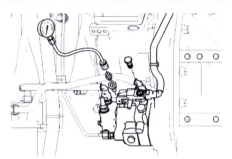
图2-2-14　安装油压表

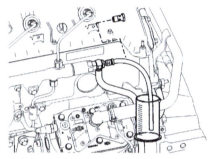
图2-2-15　测量油轨回油

3）如果发动机能起动，接上蓄电池负极，连接专用故障诊断仪器。起动发动机，保持发动机怠速运行，使燃油流入收集装置。使用专用故障诊断仪器执行"高压泄漏测试"功能。当燃油开始排出回油管时，将回油流导引至量筒中。泄漏必须少于10滴/min。

4）如果发动机不能起动，则用起动机带动发动机短暂运转，直至燃油流出回油管。当燃油开始排出回油管时，将回油流导引至量筒中，并持续运转发动机30s。

➤ **注意**：不要连续用起动机带动发动机运转超过30s。以15s的间隔运转发动机，中间停15s。这样可以避免起动机过热。泄漏应少于10滴/min。

（7）测量高压燃油泵流量

如图2-2-16所示，拆下高压燃油泵到高压油轨之间的高压油管，从高压燃油泵出口接出一根干净的油管至干净的空量杯。然后用起动机带动发动机短暂运转30s，4缸和6缸发动机回油量不应小于：75mL/30s（在125r/min时）或90mL/30s（在150r/min时），如果达不到了要求的流量，则说明高压泵故障，应予以更换。

2. 电控柴油机电控系统的故障码和数据流读取

参照"基本知识"的内容，以长城哈弗电控柴油机为例，进行电控柴油机电控系统的故障检测。

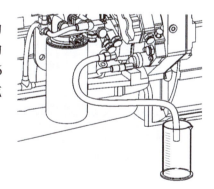
图2-2-16　高压燃油泵流量测试

➤ **提示**：下面操作以长城哈弗电控共轨柴油发动机台架为例。

（1）基本检查

1）检查冷却液、燃油、润滑油等油液是否缺少或泄漏。

2）检查发动机电控系统线路插接器是否牢靠无脱落，线路是否有断路或短路。

3）检查蓄电池接线柱是否松动、氧化。

（2）故障码读取

1）连接故障诊断仪器到车辆诊断座。

2）将点火开关置于 ON 位，进入故障码读取功能，读取并记录故障码。

3）根据故障码内容检修。

当油轨压力传感器失效时，具有应急行驶功能的调压阀以固定的预定值控制油压，其故障结果会使发动机不能起动、加速不良或排气管冒黑烟，组合仪表故障指示灯点亮。

4）检修完成后应清除故障码。

（3）油轨压力数据流读取

1）连接故障诊断仪器到车辆诊断座。

2）打开点火开关至 START 位，使发动机怠速运转 3~5min，使冷却液、润滑油以及各部件达到正常工作温度；观察组合仪表上的发动机转速表，检测并确保发动机怠速转速在（800±50）r/min 之间。

3）缓慢控制加速踏板，使发动机在各工况下运行。

4）观察诊断仪显示油轨压力传感器的数值。

用故障诊断仪器读取发动机系统数据流，涉及油轨压力的数据流共有四个："燃油系统油轨压力""油轨压力设定值""实际油轨压力最大值""油轨压力传感器输出电压"。当发动机冷却液温度达到 80℃、怠速运转时，"油轨压力传感器输出电压"应为 1V 左右，"燃油系统油轨压力"及"油轨压力设定值"均为 25MPa 左右，"油轨压力设定值"与"燃油系统油轨压力"数值很接近。逐渐踩下加速踏板，提高发动机转速时，上述四个数据流逐渐增加，"燃油系统油轨压力""油轨压力设定值""实际油轨压力最大值"等最大数值为 180MPa，"油轨压力传感器输出电压"的最大值为 4.5V。如无变化，则应检测线束连接情况和传感器。

3. 电控柴油机电控系统的 ECU 电源电路及 ECU 检测

（1）ECU 供电检测

ECU 供电检测包括常电源供电和点火供电检测。

ECU 通过蓄电池电源正极（+）导线从蓄电池接收稳定的电压，蓄电池正极（+）接线柱与 ECU 蓄电池正极（+）导线直接连接。ECU 电源线中内置一个 30A 的熔丝，用以保护 ECU。当车辆点火开关转到 ON（接通）位置时，ECU 通过点火开关输入信号接收开关控制的蓄电池输入（图 2-2-17）。ECU 蓄电池电源负极（-）导线直接连到蓄电池负极（-）接线柱上。ECU 蓄电池电源正极（+）导线和 ECU 蓄电池电源负极（-）导线都在 ECU 电源线束中。

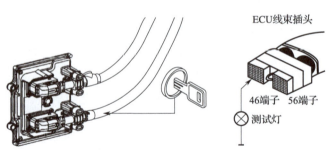

图 2-2-17 ECU 供电检测

在关闭点火开关的情况下，将 ECU 线束插接器拨下，将测量灯（或数字万用表）的一端搭铁。例如，如果知道 ECU 点火供电是 46 或 56 端子，则直接将 LED 测量试灯的另一端触碰 46 或 56 端子，测量试灯能点亮，说明点火供电正常，否则应查找相关熔丝或供电线路。

（2）ECU 电源搭铁线路电阻检测

调整万用表到电阻档。从 ECU 插接器上断开 ECU 电源线束插头，将一根测量导线插入 ECU 电源插接器的 ECU 蓄电池电源负极（-）触针中，将其连接到万用表的一根表笔上。将另一根万用表的表笔接触发动机缸体搭铁，然后测量电阻。万用表必须显示为 10Ω 或更小。如果电阻值不正确，则检测 ECU 电源线束，异常则维修或更换 ECU 电源线束。完成检测后，连接 ECU 电源线束插接器（图 2-2-18）。

（3）ECU 电源线路电压检测

调整万用表到直流电压档。在 ECU 电源插接器的 ECU 蓄电池电源正极（+）触针处检测蓄电池电压（图 2-2-19）。将点火开关转到 OFF（断开）位置，从 ECU 插接器上断开 ECU 电源线束插接器。测量 ECU 蓄电池电源正极（+）与搭铁之间的电压。该触针上的电压必须显示为蓄电池电压。如果电压不正确，则维修或更换 ECU 电源线束。

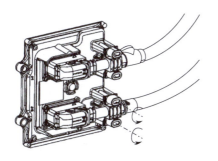

图 2-2-18　线路搭铁电阻检测

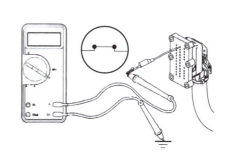

图 2-2-19　电压检测

（4）ECU 检测

1）初始检测。

将点火开关转到 ON（接通）位置，同时监测故障指示灯。故障指示灯必须亮起 2~3s。如果指示灯不亮，则检测灯泡是否烧坏（图 2-2-20）。将点火开关转到 OFF（断开）位置。将故障诊断仪器连接至车辆数据通信接口。将点火开关转到 ON（接通）位置。选择诊断仪器上的监测模式。诊断仪器必须能够与发动机 ECU 通信。如果 ECU 不能与诊断仪器通信，则更换 ECU。

2）更换 ECU 的注意事项。

在更换或标定 ECU 之前，应记录下 ECU 里程偏差、ECU 时间偏差、发动机里程偏差和发动机时间偏差的值。这些参数可参考特性和参数的行驶信息部分。

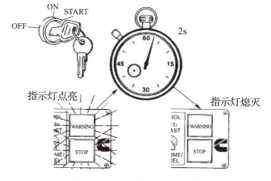

图 2-2-20　ECU 初始检测

4. 电控柴油机电控系统的喷油器控制电路检测

图 2-2-21 所示的是喷油器控制电路。

（1）喷油器的电阻值检测

如图 2-2-22 所示，拔下喷油器插接器，用万用表测喷油器两端子之间的电阻值，应符合维修手册的要求（低阻值喷油器的电阻值一般为 0.2~0.3Ω，高阻值喷油器的电阻值一般为 13~17Ω）。如不符合要求，则更换喷油器。

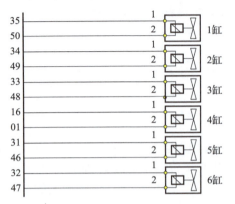

图 2-2-21　喷油器控制电路

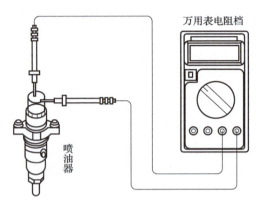

图 2-2-22　喷油器电磁线圈电阻测试

（2）插接器端子针脚检查

如图 2-2-23 所示，检查喷油器、线束、ECU 插接器端子针脚是否损坏。

（3）发动机线束是否对搭铁短路检测

如图 2-2-24 所示，将点火开关转到 OFF（断开）位置，从 ECU 上断开发动机线束及喷油器线束的连接，检查线束是否对搭铁短路。

检测发动机线束的喷油器插接器上 1 号端子与缸体搭铁之间的电阻，不应短路。

检测发动机线束的喷油器插接器上 2 号端子与缸体搭铁之间的电阻，不应短路。

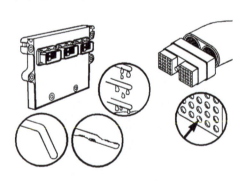

图 2-2-23　检查插接器端子针脚

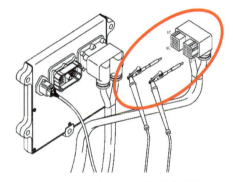

图 2-2-24　发动机线束触针

（4）喷油器电磁阀是否对搭铁短路检测

将点火开关转到 OFF（断开）位置，拆下摇臂室盖，从喷油器电磁阀上断开喷油器线束，检查有无对搭铁短路。

检测喷油器电磁阀上 1 号端子与缸体搭铁之间的电阻，不应短路。

检测喷油器电磁阀上 2 号端子与缸体搭铁之间的电阻，不应短路。

（5）喷油器电路导通性检测

将点火开关转到 OFF（断开）位置。从 ECU 上断开发动机线束，检测喷油器侧与 ECU

线束侧之间导线的导通状态。采用万用表蜂鸣档，表笔一端连接喷油器线束插接器的插座，另一表笔触接 ECU 线束侧相应的插座，正常导通应该是蜂鸣器鸣响的同时，显示屏显示为 0 或接近 0，依次对 6 个喷油器的控制端子进行检测，如图 2-2-25 所示。

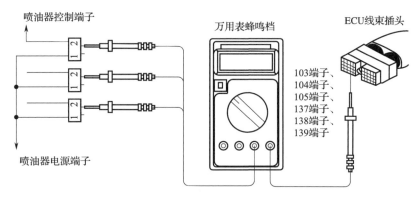

图 2-2-25　喷油器线路导通性检测

（6）喷油器脉冲控制信号检测

采用万用表电压档，恢复喷油器线束插接器、采取背插式的方法，将两根表笔连接于喷油器线束插接器内，起动发动机，在曲轴转动的同时，电压表应有脉动的信号电压显示；或将 LED 测试灯用背插式方法连接于喷油器线束，同样在发动机转动的同时，应能看到测试灯闪烁，如图 2-2-26 所示。

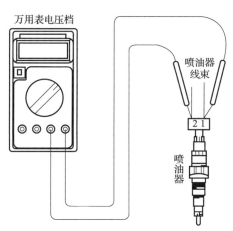

图 2-2-26　喷油器脉冲控制信号检测

项目三
电控发动机传感器结构原理与检修

本项目主要学习汽车电控发动机电控系统采用的各种传感器结构原理与检修，根据传感器的不同类型，有7个工作任务：任务一是，空气流量传感器结构原理与检修；任务二是，进气歧管绝对压力传感器结构原理与检修；任务三是，节气门/加速踏板位置传感器结构原理与检修；任务四是，曲轴/凸轮轴位置传感器结构原理与检修；任务五是，温度传感器结构原理与检修；任务六是，氧传感器结构原理与检修；任务七是，爆燃传感器结构原理与检修。通过7个工作任务的学习，你能够掌握发动机电控系统传感器的结构原理知识，学会利用检测工具进行传感器的检修。

任务一　空气流量传感器结构原理与检修

➡ 情境导入

情境描述

一辆一汽丰田卡罗拉，装备8ZR汽油电控发动机，报修时发动机故障警告灯异常点亮。利用检测仪器读取故障码为P0103，空气流量电路电压高。你的主管把这个检修任务分配给你，你能完成吗？

情境提示

电控系统记忆某电子元件的故障码，并不一定是这个元件本身损坏，也有可能是线路故障，或是其他因素导致故障诊断系统误判，因此，维修技师必须掌握电子元件的检测方法，准确诊断故障。

➡ 学习目标

知识目标

1）能描述空气流量传感器的功用、类型、结构与工作原理。
2）能描述空气流量传感器各端子的功用及检测数据。

技能目标

1）能利用电路图及检测工具检测空气流量传感器。
2）能进行空气流量传感器故障排除与更换。

一 基本知识

1. 空气流量传感器的功用

空气流量传感器（MAF）简称空气流量计，安装在空气滤清器和节气门之间的进气管上（图3-1-1），用于测量进入发动机气缸的空气流量，并将此流量信号送给发动机电子控制单元（ECU）。空气流量传感器信号是ECU决定喷油量和点火正时的基本信号之一。

2. 空气流量传感器的类型、结构与工作原理

（1）空气流量传感器的类型

图3-1-1 空气流量传感器安装位置图

空气流量传感器按检测空气流量的参数不同，可以分为体积流量型和质量流量型；按结构的不同，可以分为翼板式（又称为叶片式）、卡门涡流式（又分为超声波式和光学式）和热线式（或热膜式）。翼板式和卡门涡流式空气流量传感器属于体积流量型传感器，必须同时检测进气温度才能计算出空气质量流量；而热线式（或热膜式）属于质量流量型传感器，可直接测出空气质量流量。

由于翼板式和卡门涡流式空气流量传感器已经淘汰或极少采用，下面只介绍热线（或热膜式）空气流量传感器。

（2）空气流量传感器的结构与工作原理

热线式空气流量传感器结构原理图如图3-1-2所示。在空气流量传感器内部有一个暴露在进气气流中的加热式铂丝。空气流量传感器内部电路经过精心设计，铂丝和温度传感器形成桥式电路，并且通过控制晶体管使 A 和 B 之间的电压差来维持预定温度。ECU通过向铂丝施加规定的电流，将其加热到指定的温度。进气气流可以冷却铂丝和内部热敏电阻，从而改变其电阻值。为了保持稳定的电流值，ECU改变施加在空气流量传感器内的这些组件上的电压。电压值与通过传感器的空气流量成比例，ECU利用该值来计算进气量。

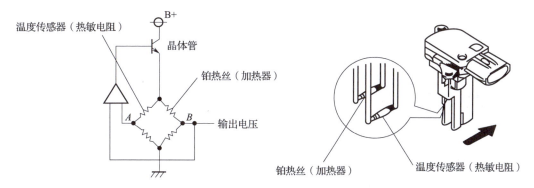

图3-1-2 热线式空气流量传感器结构原理图

热线式空气流量传感器的前、后端均装有防护网。前面的用于进气整流，后面的可以防止发动机回火把铂丝烧坏。这种流量传感器的热线和进气温度传感器都安装在主气道中的取样管内，故称为主通式热线空气流量传感器。另一种是将热线绕在陶瓷芯管上，并置于旁通气道内，称为旁通式热线空气流量传感器（图3-1-3）。这两种流量传感器均具有污物自洁功能。前者在发动机熄火后，ECU能自动将热线加热至1 000℃，时间约为1s，从而烧

掉粘附在热线上的尘埃。后者工作时，其控制电路能始终保持热线的温度比大气温度高出200℃，以防止污物粘附。

有些车型采用热膜式空气流量传感器，其发热体不是热线而是热膜（图3-1-4），即固定在树脂薄膜上的热电阻膜片。其测量原理与热线式空气流量传感器基本相同。采用热膜式结构的发热体不像热线式那样直接承受空气的作用，因此其使用寿命较长。

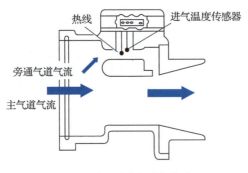

图3-1-3 旁通式空气流量传感器

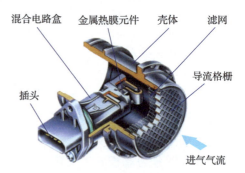

图3-1-4 热膜式空气流量传感器

热线式和热膜式空气流量传感器测量精度高、响应速度快，且进气阻力小，应用于大多数的车型。

（3）空气流量传感器的输出信号

大部分车型热线式（或热膜式）空气流量传感器输出的信号是模拟信号，发动机怠速时输出的信号电压为1.0~1.5V，加速到最高转速时接近4.5~5.0V（不超过ECU提供的参考电压），可用汽车专用万用表直流电压档测量。

通用汽车（别克）采用的空气流量传感器信号是数字频率信号，应使用诊断仪器检测数据流，一般显示单位有g/s（克/秒）、Hz（赫兹），也可用示波器显示信号波形。

图3-1-5所示的是通用别克君威采用的热线式空气流量传感器，由于在空气流量传感器内部装置了一个A-D（模数）转换器，所以其输出信号是数字频率信号，怠速时约为2 000Hz，加速到最大8 000~10 000Hz。

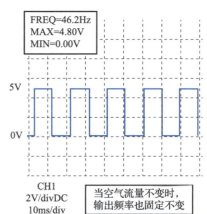

图3-1-5 通用别克君威热线式空气流量传感器和信号波形

图3-1-6所示的是通用别克君威空气流量传感器电路图，使用诊断仪器检测空气流量传感器数据流。在打开点火开关时，正常数值为1.93g/s，怠速时为3.95g/s，2 000r/min时为9.5g/s。

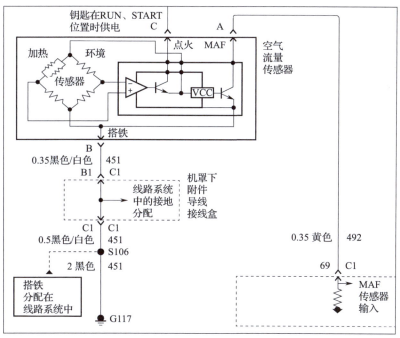

图 3-1-6　通用别克君威空气流量传感器电路图

二　基本技能

1. 空气流量传感器检测

空气流量传感器有故障，可能造成发动机怠速偏高或偏低或忽高忽低、怠速抖动、加速不良、油耗增加、排放异常等故障，一般情况下，发动机故障警告灯会点亮，诊断系统记忆故障码。空气流量传感器信号错误不一定是传感器本身的故障，空气滤清器堵塞、进气系统漏气、发动机配气机构故障、三元催化净化器堵塞都会造成空气流量传感器信号出现偏差甚至错误。因此，维修时必须进行检测，准确判断是否确实是空气流量传感器损坏。

空气流量传感器的检测内容包括空气流量传感器的电源、信号和信号搭铁。空气流量传感器的信号可用万用表检测信号电压，用诊断仪读取数据流。

下面以丰田汽车热线式空气流量传感器为例，介绍空气流量传感器检测方法。

（1）空气流量传感器端子和电路图

丰田汽车发动机采用的空气流量传感器有 5 个端子（接线），图 3-1-7 所示为丰田汽车空气流量传感器端子及作用。

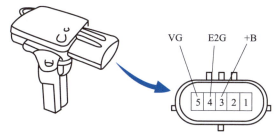

图 3-1-7　丰田汽车空气流量传感器端子及作用

端子 1—进气温度信号 THA　端子 2—搭铁（接地）E2　端子 3—加热电源 +B
端子 4—到 ECU 的搭铁 E2G　端子 5—空气流量传感器的信号 VG

空气流量传感器电路图，如图 3-1-8 所示。

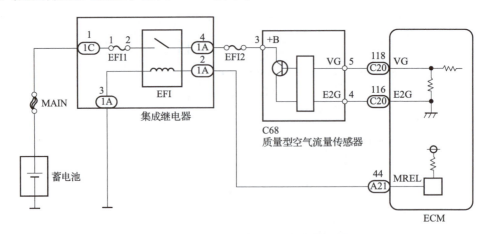

图 3-1-8　丰田汽车空气流量传感器电路图

（2）万用表检测

采用数字万用表，可以检测空气流量传感器各端子（接线）的数据。

▶ 提示：端子 1 和端子 2 的检测在进气温度传感器相关内容介绍。

1）端子 3（电源 +B）：如图 3-1-9 所示，断开插接器，点火开关置于 ON，万用表置于直流电压档（20V），端子 3 和车身搭铁之间应该检测到蓄电池电压（11~14V）。如无电压，则根据电路图检查继电器、熔丝及线路。

2）端子 4（到 ECU 的搭铁 E2G）：如图 3-1-10 所示，断开插接器，点火开关置于 ON，万用表置于直流电压档（20V），端子 4 和车身搭铁之间的电压应该为 0V。或将万用表置于电阻档（200Ω），端子 4 和车身搭铁之间应该导通（阻值低于 1Ω）。如不导通，则检查线路是否断路。

图 3-1-9　空气流量传感器电源端子检测

图 3-1-10　空气流量传感器搭铁端子检测

3）端子 5（空气流量传感器的信号 VG）：如图 3-1-11 所示，发动机急速运转（或在端子 3 和 4 之间施加蓄电池电压），万用表置于直流电压档（20V），端子 5 和车身搭铁之间应该检测到 1.0V 左右的电压信号（根据发动机当前进气量不同，信号也不同）。

如图 3-1-12 所示，对发动机加速和减速，端子 5 和车身搭铁之间的电压信号应同步增加或降低（根据转速，理论范围为 0.2~4.9V）。

图 3-1-11　空气流量传感器信号端子检测（急速）

图 3-1-12 空气流量传感器信号端子检测（加减速）

（3）诊断仪检测

如图 3-1-13 所示，连接故障诊断仪，进入数据流，在发动机怠速运转的情况下，变速器档位置于空档，空调关闭，空气流量的数值应该在 3g/s 左右（根据转速，理论范围为 1.0~270.0g/s）。

a）怠速时数据　　　　　　　　　　　　　b）加速时数据

图 3-1-13 空气流量传感器数据流

2. 空气流量传感器故障排除与更换

根据以上检测的结论，如果不正确，则查找故障原因，并排除故障（应清除故障码）。

如图 3-1-14 所示，根据以下步骤更换空气流量传感器。

1）拔下传感器的插接器。
2）拆下传感器的 2 个固定螺钉。
3）取下传感器（注意不损坏传感器）。
4）按相反的步骤安装。

图 3-1-14 空气流量传感器固定螺钉位置

任务二　进气歧管绝对压力传感器结构原理与检修

情境导入

情境描述

一辆一汽－大众迈腾 B7，装备 CEA 汽油电控发动机，报修时发动机怠速抖动，发动机故障警告灯异常点亮。利用检测仪器读取故障码为 P0108，进气歧管绝对压力传感器电路电压高，你的主管把这个检修任务分配给你，你能完成吗？

情境提示

本情境中，"进气歧管绝对压力传感器电路电压高"，可能原因有：1）传感器线路断路；2）发动机真空泄漏或传感器真空管堵塞，导致传感器信号电压偏高；3）传感器损坏；4）控制单元损坏及其他原因。检修时应从简单到复杂进行排除。

学习目标

知识目标

1）能描述进气歧管绝对压力传感器的功用、类型、结构与工作原理。
2）能描述进气歧管绝对压力传感器各端子的功用及检测数据。

技能目标

1）能利用电路图及检测工具检测进气歧管绝对压力传感器。
2）能进行进气歧管绝对压力传感器故障排除与更换。

一 基本知识

1. 进气歧管绝对压力传感器的功用

进气歧管绝对压力传感器（MAP）简称进气压力传感器（图3-2-1），一般安装在进气歧管或进气稳压箱上，进气口通过连接软管或直接伸入稳压箱内。图3-2-2所示的是进气歧管绝对压力传感器的安装位置。

图3-2-1 进气压力传感器外形　　图3-2-2 进气歧管绝对压力传感器的安装位置

进气歧管绝对压力传感器的主要功用是依据发动机负荷状态测出进气歧管内绝对压力的变化，并转换成电压信号与发动机转速信号一起输送到ECU，ECU换算出吸入发动机的空气量，它是决定喷油器基本喷油量和点火时刻的依据；有的车型（如别克君威）安装空气流量传感器检测进气量，同时也安装进气歧管绝对压力传感器用于确定歧管的压力变化（如诊断排气再循环流量是否正常时），为ECU确定发动机真空度，并确定大气压力（气压计）。

2. 进气歧管绝对压力传感器的类型、结构与工作原理

（1）进气歧管绝对压力传感器的类型

进气歧管绝对压力传感器通常可以分为压敏电阻式、膜盒式和应变仪式三种类型。不同类型的压力传感器结构原理大同小异，下面以常见的应变仪式进气歧管绝对压力传感器为例，介绍其工作原理。

（2）进气歧管绝对传感器的结构与工作原理

硅膜片在承受压力作用而变形时，长度发生变化，电阻也会随着变化，应变仪式进气歧管绝对压力传感器是根据此原理设计的。如图3-2-3所示，应变仪式进气歧管绝对压力传感器的主要元件是一个很薄的硅片，其外围较厚，中间最薄。硅片上下两面各有一层二氧化硅膜。在膜层中沿硅片四边有4个传感器电阻。在硅片四角各有1个金属块，通过导线与电阻相连。硅片下部有一真空室与进气相通。硅片上的4个电阻连接成桥式电路。当进气歧管压力变化时，硅膜片随之发生变形。此时传感器电阻的阻值即随之发生相应的变化，使桥式电路输出正比

于进气压力的电压信号。ECU 根据该信号即可测出进气歧管的压力。这种传感器不受较大范围温度变化的影响。

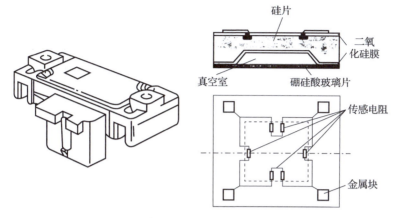

图 3-2-3　应变仪式进气歧管绝对压力传感器

（3）进气歧管绝对传感器的输出信号

大部分车型进气歧管绝对压力传感器输出的信号是模拟信号，发动机怠速时输出的信号电压为 1.8~1.5V，加速到最高转速时接近 4.5~5.0V（不超过 ECU 提供的参考电压），可用汽车专用万用表直流电压档测量。

早期的福特汽车，采用一种石英振荡晶体制造的进气歧管绝对压力传感器，输出的是数字（频率）信号，如图 3-2-4 所示，检测时应该检测频率信号或用示波器测试波形。

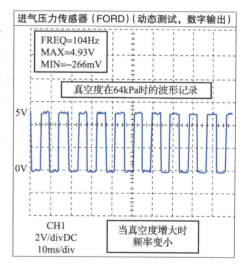

图 3-2-4　福特进气压力传感器信号波形

二　基本技能

1. 进气歧管绝对压力传感器检测

与空气流量传感器一样，进气歧管绝对压力传感器有故障，可能造成发动机怠速偏高或偏低、怠速抖动、加速不良、油耗增加、排放异常等故障，一般情况下，发动机故障警告灯会点亮，诊断系统记忆故障码。进气歧管绝对压力传感器信号错误不一定是传感器本身的故障，空气滤清器堵塞、进气系统漏气、发动机配气机构故障、三元催化净化器堵塞都会造成进气歧管绝对压力传感器信号出现偏差甚至错误。因此，维修时必须进行检测，准确判断是否确实是进气歧管绝对压力传感器损坏。

进气歧管压力传感器的检测

进气歧管绝对传感器的检测内容包括进气歧管绝对压力传感器的电源、信号和信号接地。进气歧管绝对压力传感器的信号可用万用表检测信号电压，诊断仪读取数据流。

对于传感器有真空软管的车型，必须先仔细检查传感器的真空软管与节气门体的连接情况，如连接不良或漏气，就会影响传感器性能并直接影响发动机工作，可视情修理或更换真空软管。

下面以一汽–大众迈腾汽车进气歧管绝对压力传感器为例，介绍进气歧管绝对压力传感器检测方法。

(1) 进气歧管绝对压力传感器端子和电路图

一汽-大众迈腾汽车的发动机进气歧管绝对压力传感器 G71（与进气温度传感器 G42 集成在一起），其电路图如图 3-2-5 所示。

图中代号说明如下。

J623 为发动机电子控制单元，G71 为进气歧管绝对压力传感器，G42 为进气温度传感器，T4b1 为 4 心插接器（传感器），T60 为 60 心插接器（控制单元），D101 为发动机舱中线束连接位置代号。

其中，端子 1（T4b1/1）为传感器共同搭铁，端子 2（T4b1/2）为进气温度传感器 G42 的输出信号，端子 3（T4b1/3）为发动机电子控制单元 J623 提供的 5V 参考电压，端子 4（T4b1/4）为进气歧管绝对传感器 G71 的输出信号。

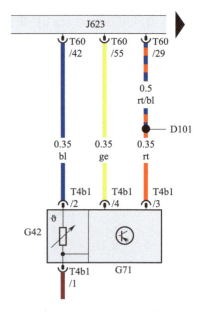

图 3-2-5　进气歧管绝对压力传感器电路图

(2) 万用表检测

1) 参考电压检测：如图 3-2-6 所示，拆下进气歧管绝对压力传感器的插接器，点火开关置于 ON，用万用表直流电压档检测端子 3 的电压（参考电压），应约为 5V。

2) 信号电压检测：如图 3-2-7 所示，连接进气歧管绝对压力传感器的插接器，发动机运转，用万用表直流电压档检测传感器端子 4 的信号电压（信号电压和当前发动机转速相关）。

标准值：

急速时，端子 4 信号电压为 1.0~1.5V；节气门全开时，略低于 5V；全减速时，低于 1.0V。

急速时　　　　　　　　加速时（2 000r/min）

图 3-2-6　参考电压检测　　　　　　图 3-2-7　信号电压检测

(3) 诊断仪检测

如图 3-2-8 所示，用故障诊断仪检测可读取电压值或进气歧管绝对压力值数据流。

(4) 示波器检测

起动发动机，并使其急速运转，急速稳定后，检测急速时的输出信号波形；将发动机转速从急速加到节气门全开，并持续 2s，再减速回到急速工况，持续 2s，再急加速至节气门全开，然后回到急速，将波形定位在屏幕上，应有类似图 3-2-9 的波形出现。

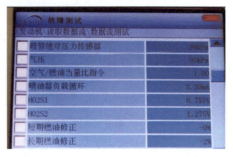

图 3-2-8　进气歧管绝对压力传感器的数据流检测

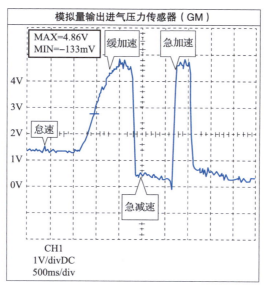

图 3-2-9　进气歧管绝对压力传感器信号波形

通常 4 缸发动机的波形上有杂波，因为在两个进气行程间的真空波动比较大，但这些杂波发至发动机 ECU 后，信号处理电路会清除杂波干扰。

2. 进气歧管绝对压力传感器故障排除与更换

根据以上检测的结论，如果不正确，则查找故障原因，并排除故障（应清除故障码）。

如图 3-2-10 所示，根据以下步骤更换进气歧管绝对压力感器。

1）拔下传感器的插接器。
2）拆下传感器的 2 个固定螺栓。
3）取下传感器（注意不损坏传感器）。
4）按相反的步骤安装。

图 3-2-10　进气歧管绝对压力传感器固定螺栓位置

任务三　节气门/加速踏板位置传感器结构原理与检修

情境导入

情境描述

一辆一汽-大众迈腾 B7，装备 CEA 汽油电控发动机，报修时发动机故障警告灯异常点亮，驾驶员踩下加速踏板，发动机转速不提升。你的主管把这个检修任务分配给你，你能完成吗？

情境提示

电子节气门出现故障时，控制单元进入保护模式，会出现驾驶员踩下加速踏板，发动机提速不足或根本不能提速。想要排除故障，必须熟悉电子节气门控制原理及故障诊断方法。

根据本情境的故障现象，电子节气门进入故障保护模式，控制单元一定记忆了故障码，而且是重要的元件，如节气门/加速踏板位置传感器或是节气门电动机故障，因此必须先进行故障码读取，再根据故障码的内容进行检修。检修完成后，应在清除故障码后再测试故障是否排除。

学习目标

知识目标

1）能描述节气门位置传感器的功用、类型、结构与工作原理。
2）能描述加速踏板位置传感器的功用、类型、结构与工作原理。
3）能描述节气门位置传感器各端子的功用及检测数据。
4）能描述加速踏板位置传感器各端子的功用及检测数据。

技能目标

1）能利用电路图及检测工具检测节气门位置传感器。
2）能利用电路图及检测工具检测加速踏板位置传感器。
3）能进行节气门/加速踏板位置传感器故障排除与更换。

一 基本知识

1. 节气门位置传感器功用、类型、结构与工作原理

（1）节气门位置传感器的功用

节气门位置传感器（TPS 或 TP）安装在节气门体旁，与节气门轴联动（图 3-3-1）。

图 3-3-1 节气门位置传感器安装位置

节气门位置传感器的功用主要有三个方面：一是将节气门开度（即发动机负荷）转变为电信号输入发动机 ECU，通过修正空燃比以适合发动机工况的变化；二是在装备电子控制自动变速器的汽车上，自动变速器控制单元把节气门位置传感器信号和车速信号作为确定变速器换档时机和变矩器锁止时机的主要信号；三是当空气流量传感器无信号时，发动机 ECU 将用节气门开度信号和发动机转速信号来计算进气量，取代空气流量传感器信号。

（2）节气门位置传感器的类型

早期车型常用的节气门位置传感器有触点（开关）式、滑动可变电阻（电位计）式、综合式（包含怠速触点和可变电阻）等类型。由于这些类型的节气门位置传感器内部存在机械接触，容易磨损造成信号错误，随着电子节气门的广泛应用，已经被淘汰。大部分新款车型发动机电子节气门采用的节气门位置传感器是非接触式的，这样可以避免传统的电位计容易磨损的缺点。

（3）节气门位置传感器的结构与工作原理

如图 3-3-2 所示，电子节气门采用的节气门位置传感器中有两个霍尔集成电路（IC）和磁铁（磁轭），当节气门旋转动作时，霍尔集成电路不断地"接近"和"远离"磁铁，霍尔集成电路周围的磁场发生变化，霍尔集成电路将磁通量的适时变化情况转换为电信号传输至发动机 ECU，作为节气门开度大小的依据。霍尔集成电路能够保证在极端的驾驶条件下（例如车辆行驶速度极高或极低时）也能产生准确信号。

图 3-3-2 霍尔效应式节气门位置传感器原理

（4）节气门位置传感器的输出信号

如图 3-3-3 所示，霍尔集成电路包括用于主信号和副信号的电路，将节气门开度转换为两种不同特性的电信号，并发送到 ECU。也就是说，节气门位置传感器有两个传感器电路，分别发送 VTA1 和 VTA2 信号。其中 VTA1 用于检测节气门开度，VTA2 用于检测 VTA1 的故障。传感器的信号电压在 0~5V 之间变化，其变化幅度与节气门开度成比例，并被发送到 ECU。ECU 根据这些信号计算节气门开度，并控制节气门执行器来适应加速情况。这些信号还用于空燃比校正、负载增加校正和燃油切断控制的计算中。

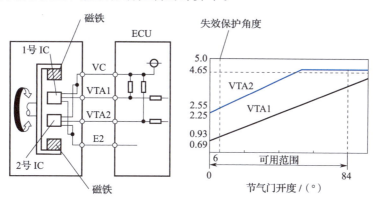

图 3-3-3 霍尔效应式节气门位置传感器内部电路与信号

2. 加速踏板位置传感器功用、类型、结构与工作原理

（1）加速踏板位置传感器的功用

如图 3-3-4 所示，加速踏板位置传感器（APP）安装在驾驶室内的加速踏板支架上，极少数车型通过拉线安装在其他位置（如发动机舱）。

加速踏板位置传感器将加速踏板位置转变为电信号输入发动机 ECU，用于判断驾驶员的意图。

图 3-3-4 加速踏板位置传感器

（2）加速踏板位置传感器的类型

与节气门位置传感器类似，加速踏板位置传感器的类型有接触型滑动可变电阻（电位计）式和非接触型霍尔集成电路（IC）两种，目前的车型中两种类型都有采用。

（3）加速踏板位置传感器的类型、结构与工作原理

如图 3-3-5 所示，接触型加速踏板位置传感器内部有两组滑动可变电阻，随着加速踏板动作同步产生电信号，反映加速踏板的位置。

非接触型加速踏板位置传感器的工作原理与节气门位置传感器相同。

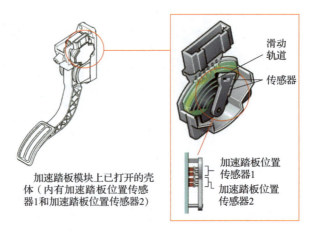

图 3-3-5 加速踏板位置传感器原理

（4）加速踏板位置传感器的输出信号

如图 3-3-6 所示，加速踏板位置传感器有两个传感器电路，分别发送 VPA（主）和 VPA2（副）信号。施加到 ECU 端子 VPA 和 VPA2 的电压根据加速踏板（节气门）开度的比例在 0~5V 之间变化。来自 VPA 的信号显示了实际加速踏板的开度（节气门开度），用于发动机控制。来自 VPA2 的信号发送 VPA 电路的状态，并用来检查 APP 传感器自身的情况。

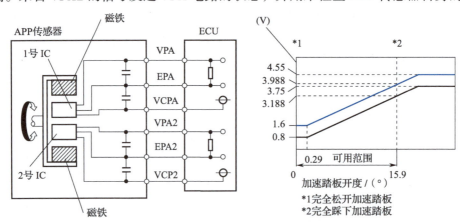

图 3-3-6 加速踏板位置传感器原理图

ECU 通过来自 VPA 和 VPA2 的信号监视实际加速踏板的开度（节气门开度），并根据这些信号控制节气门执行器。

二 基本技能

1. 节气门位置传感器（传统节气门）检测

传统拉线式节气门都采用接触型节气门位置传感器，内部结构是一个可变（滑动）电阻，可用诊断仪读取信号电压或节气门开度，急速时为 0.5~0.6V，节气门全开时约为 4.5V。也可用万用表电阻档和直流电压档检测节气门位置传感器的电阻与直流电压信号。如果发动机加速不良或节气门开度在某一区域内动力性突然变差，用万用表检测这类间歇性的动态故障比较困难，用示波器检测则比较容易。

接触型节气门位置传感器的接线有三线（可变电阻式）和四线（综合式）两种，日本车系一般采用四线，其他车系一般采用三线。下面以别克君威三线的节气门位置传感器（电路如图 3-3-7 所示）为例，介绍其检测方法。

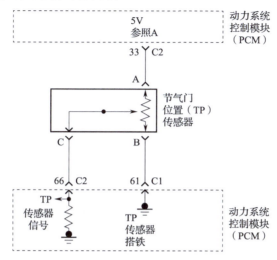

图 3-3-7　别克君威三线的节气门位置传感器电路

（1）万用表检测

拔去节气门位置传感器的插接器，接通点火开关，检测线束处 A 接脚电压，动力系统控制模块（PCM，集成发动机和变速器控制功能）从 33 脚输出的开路电压是 +5V。关闭点火开关，缓慢打开节气门，检测节气门位置传感器 B、C 脚的电阻值，应该连续变化，不能有突变、断路或短路。接上插接器，接通点火开关，检测 B、C 脚的信号电压，当节气门关闭时，信号电压为 0.5V，当节气门全开时，电压为 4.5V，随着节气门缓慢打开，信号电压应从 0.5V 逐渐升高至 4.5V，信号电压应该连续变化，不能有突变、断路或短路。

（2）诊断仪检测

采用故障诊断仪检测节气门电位计信号的数据流，直接显示信号电压和节气门开度，如图 3-3-8 所示。

图 3-3-8　节气门电位计信号电压数据流

（3）示波器检测

接通点火开关，观察节气门开度变化时的信号电压，显示标准波形如图 3-3-9 所示。如果示波器显示波形与图不符，则说明该节气门位置传感器信号有错误。有故障的节气门位置传感器波形，信号波形上有突变，表示该节气门位置传感器内部滑片电阻有接触不良，或线束有故障，或插接器接触不良。

2. 节气门位置传感器（电子节气门）检测

采用电子节气门的车型，节气门位置传感器有接触型和非接触型两种类型，检测方法基本相同。

节气门位置传感器的检测

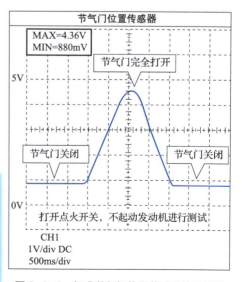

图 3-3-9　标准节气门位置传感器信号波形

（1）节气门位置传感器端子和电路图

一汽－大众迈腾汽车电子节气门系统（即"电控加速踏板操纵机构的节气门驱动装置角度传感器"G187\G188）的电路图如图3-3-10所示。

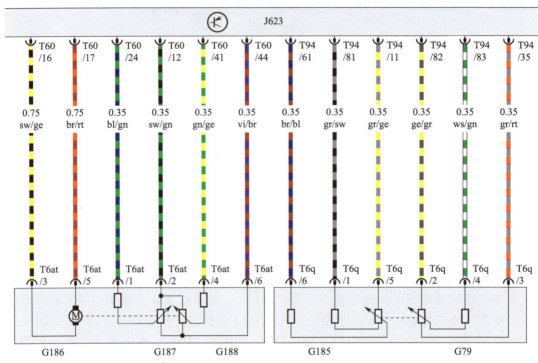

图3-3-10 一汽－大众迈腾汽车电子节气门系统的电路图

图中代号说明如下：

J623为发动机电子控制单元，G79为加速踏板位置传感器1，G185为加速踏板位置传感器2，G186为电子节气门驱动装置（电动机），G187为电子节气门驱动装置角度传感器1（节气门位置传感器1），G188为电子节气门驱动装置角度传感器2（节气门位置传感器2），T6at为6心插接器（加速踏板），T6q为6心插接器（节气门体），T60为60心插接器（控制单元），T94为94心插接器（控制单元）。

其中端子1（T6at/1）为G188节气门角度信号1，端子2（T6at/2）为共同接地（搭铁）线，端子3（T6at/3）为G186节气门电动机控制线1，端子4（T6at/4）为G187节气门角度信号2，端子5（T6at/5）为G186节气门电动机控制线2，端子6（T6at/6）为控制单元5V参考电源；

端子1（T6q/1）为G185参考电源5V，端子2（T6q/2）为G79传感器搭铁，端子3（T6q/3）为G79参考电源5V，端子4（T6q/4）为G79加速踏板位置传感器信号1，端子5（T6q/5）为G185加速踏板位置传感器搭铁，端子6（T6q/6）为G185加速踏板位置传感器信号2。

（2）万用表检测

可以采用万用表检测节气门位置传感器的供电电源和线路导通情况。

1）供电电源。如图3-3-11所示，断开节气门体插接器，点火开关置于ON，万用表调至直流电压档，检测5V参考电源（端子6）和搭铁（端子2）之间的电压，应在4.5~5.5V。

2）线路导通检测。如果怀疑线路不良，可以检测传感器线束控制单元一侧与搭铁之间的电压，有电压显示，说明线路导通，如图3-3-12所示。也可以用万用表电阻档，检测节气门位置传感器各端子到控制单元相应端子的线路，应该导通。

图 3-3-11　节气门位置传感器 5V 供电电源检测

图 3-3-12　线路导通检测

3）信号电压检测。如图 3-3-13 所示，连接节气门体插接器，点火开关置于 ON，万用表调至直流电压档，分别检测节气门角度信号 1（端子 1）、节气门角度信号 2（端子 4）和 2 号端子（搭铁）的电压，并踩下加速踏板，观察数据变化，应在标准范围内。

图 3-3-13　节气门位置传感器信号电压检测

节气门位置传感器电压正常值见表 3-3-1。

表 3-3-1　节气门位置传感器电压正常值

项　　目	节气门全关	节气门全开
节气门角度信号 1	0.5~1.1V（10%~22%）	3.3~4.9V（40%~98%）
节气门角度信号 2	2.1~3.1V	4.6~5.0V

（3）诊断仪器检测

节气门位置传感器的信号，可以利用诊断仪器数据流检测。连接诊断仪器到车辆的诊断座，进入数据流，数据流如图 3-3-14 所示，加速时数据应增大。

a）怠速时的数据　　　　　　　　　b）加速时的数据

图 3-3-14　节气门位置传感器数据流

3. 加速踏板位置传感器检测

ECU 如果存储了加速踏板位置传感器或电子节气门控制系统相关的故障码（故障警告灯点亮），就会进入失效保护模式。在失效保护模式下，ECU 控制节气门执行器（电动机）的电流，或者通过回位弹簧使节气门回位到维持基本怠速的开度。ECU 控制车辆以很低的速度（根据故障等级）继续行驶。

加速踏板位置传感器检测

（1）加速踏板位置传感器端子和电路图

一汽 - 大众迈腾汽车的加速踏板位置传感器（即油门踏板位置传感器 G79/G185）端子图

如图 3-3-15 所示，电路图参照图 3-3-10。

（2）万用表检测

可以采用万用表检测加速踏板位置传感器的供电电源和线路导通情况。

1）供电电源。如图 3-3-16 所示，断开加速踏板位置传感器插接器，点火开关置于 ON，万用表调至直流电压档，检测 3 号端子和 2 号端子之间、1 号端子和 5 号端子之间的电压，应在 4.5~5.5V。

图 3-3-15　加速踏板位置传感器端子图

2）线路导通检测。如果怀疑线路不良，可以检测传感器线束控制单元一侧与搭铁之间的电压，有电压显示，说明线路导通，如图 3-3-17 所示。也可以用万用表电阻档，检测加速踏板位置传感器各端子到控制单元相应端子的线路，应该导通。

图 3-3-16　加速踏板位置传感器供电电源检测

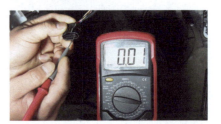

图 3-3-17　线路导通检测

3）信号电压检测。如图 3-3-18 所示，连接加速踏板位置传感器插接器，点火开关置于 ON，万用表调至直流电压档，分别检测加速踏板位置信号 1（端子 4）和端子 2（搭铁）之间、加速踏板位置信号 2（端子 6）和端子 5（搭铁）之间的电压，并踩下加速踏板，观察数据变化，应在标准范围内。

图 3-3-18　加速踏板位置传感器信号电压检测

加速踏板位置传感器电压正常值见表 3-3-2。

表 3-3-2　加速踏板位置传感器电压正常值

项　　目	加速踏板松开	加速踏板踩下
G79 信号 4 号端子	0.5~1.1V（10%~22%）	2.5~4.5V
G185 信号 6 号端子	1.2~2.0V	3.4~5.0V

（3）诊断仪器检测

加速踏板位置传感器的信号，可以利用诊断仪器数据流检测。连接诊断仪器到车辆的诊断座，进入数据流，数据流如图 3-3-19 所示，加速时数据应变化（增大或减小）。

项目三 电控发动机传感器结构原理与检修 129

a）怠速时　　　　　　　　　　b）加速时

图 3-3-19　加速踏板位置传感器数据流

4. 节气门/加速踏板位置传感器故障排除与更换

根据以上检测的结论，如果不正确，查找故障原因，并排除故障（应清除故障码）。必要时，根据维修手册的拆装步骤更换节气门/加速踏板位置传感器。

➤ **提示**：根据汽车生产厂家的要求，电子节气门系统的节气门位置传感器应与节气门体一起更换，加速踏板位置传感器应与加速踏板一起更换。

任务四　曲轴/凸轮轴位置传感器结构原理与检修

➡ 情境导入

情境描述

一辆一汽-大众迈腾 B7，装备 CEA 汽油电控发动机，报修时发动机故障警告灯异常点亮，有时候发动机不能起动，没有高压点火。你的主管把这个检测任务分配给你，你能完成吗？

情境提示

曲轴位置传感器是最有可能导致发动机没有点火的传感器，发动机故障警告灯异常点亮，需要利用诊断仪器读取故障码，如果读取到的故障码和曲轴位置传感器有关，那么需要对其进行检查。凸轮轴位置传感器故障也会导致发动机点火、供油异常，其原理和检测方法与曲轴位置传感器类似。

本情境中，曲轴位置传感器出故障的可能性很大，但并非一定是传感器损坏，可能原因如下：1）传感器线路（包括插接器）断路；2）传感器本身或信号轮安装不当；3）传感器本体损坏；4）传感器信号收到干扰；5）控制单元故障等其他原因。检修时，应从简单到复杂的顺序进行排除。

➡ 学习目标

知识目标

1）能描述曲轴位置传感器的功用、类型、结构与工作原理。
2）能描述凸轮轴位置传感器的功用、类型、结构与工作原理。
3）能描述曲轴传感器各端子的功用及检测数据。
4）能描述凸轮轴位置传感器各端子的功用及检测数据。

技能目标

1）能利用电路图及检测工具检测曲轴位置传感器。

2）能利用电路图及检测工具检测凸轮轴位置传感器。

3）能进行曲轴/凸轮轴位置传感器故障排除与更换。

一 基本知识

1. 曲轴/凸轮轴位置传感器的功用

（1）曲轴位置传感器的功用

曲轴位置传感器（CKP，图3-4-1）又称为发动机转速传感器、曲轴转角传感器等。

曲轴位置传感器一般安装在分电器内（早期发动机）、曲轴飞轮旁、曲轴传动带轮后方，也有的安装在发动机缸体中部。

曲轴位置传感器主要用于采集发动机曲轴转速与转角信号并输入ECU，以便计算确定并控制喷油提前角与点火提前角。曲轴位置传感器信号是电控系统点火和燃油喷射的主控制信号，如果没有信号，点火系统无法工作，发动机不能起动；如果信号错误，则发动机会怠速抖动或加速不良。

（2）凸轮轴位置传感器的功用

凸轮轴位置传感器（CMP，图3-4-2）又称为气缸识别传感器。

图3-4-1 曲轴位置传感器

图3-4-2 凸轮轴位置传感器

凸轮轴位置传感器安装在分电器内（早期发动机）、凸轮轴前端或后端。

凸轮轴位置传感器通常用于采集配气凸轮轴的位置信号并输入ECU，以便确定活塞处于压缩（或排气）行程上止点的位置。

2. 曲轴/凸轮轴位置传感器的类型、结构与工作原理

曲轴位置传感器与凸轮轴位置传感器有光电式、磁电式（又称为磁感应式或电磁式）、磁阻式、霍尔式等类型。光电式曲轴位置或凸轮轴位置传感器通常安装在分电器内部（图3-4-3），随着分电器的淘汰，也不再采用。

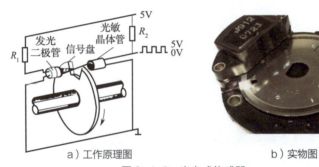
图3-4-3 光电式传感器

下面分别介绍磁电式、磁阻式、霍尔式曲轴/凸轮轴位置传感器的结构与工作原理。

（1）磁电式曲轴/凸轮轴位置传感器的结构与工作原理

磁电式传感器由信号转子、感应线圈、永久磁铁和导磁磁轭组成，其工作原理如图3-4-4所示。

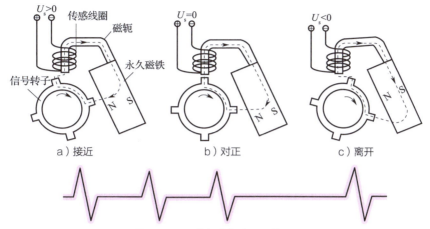

图3-4-4 磁电式传感器工作原理

磁力线穿过的路径为永久磁铁N极→定子与转子间的气隙→转子凸齿→信号转子→转子凸齿与定子磁头间的气隙→磁头→导磁板（磁轭）→永久磁铁S极。当信号转子旋转时，磁路中的气隙就会周期性地发生变化，磁路的磁阻和穿过信号线圈磁头的磁通量随之发生周期性地变化。根据电磁感应原理，传感线圈中感应产生交变电动势（U_s）。

信号转子每转过一个凸齿，传感线圈中则产生一个周期性的交变电动势，即电动势出现一次最大值和一次最小值，传感线圈相应地输出一个交变电压信号。

磁电式传感器不需要外接电源。当发动机转速变化时，转子凸齿转动的速度将发生变化，铁心中的磁通变化率也将随之发生变化。转速越高，磁通变化率就越大，传感线圈中的感应电动势也就越高。

以磁电式传感器曲轴位置传感器（图3-4-5）为例，由曲轴位置传感器齿板和感应线圈组成。传感器齿板有34个齿，被安装在曲轴上。感应线圈由缠绕的铜线、铁心和磁铁构成。传感器齿板旋转，每个齿通过感应线圈时产生一个脉冲信号。发动机每转动一转，感应线圈就产生一组信号（信号数量根据齿的数量确定）。根据这些信号，ECU计算曲轴位置以及发动机的转速，确定燃油喷射时间和点火正时。

图3-4-5 曲轴位置传感器及输出信号波形

（2）磁阻式曲轴/凸轮轴位置传感器的结构与工作原理

随着电子技术的发展，汽车上逐渐采用新型磁阻效应（MRE）传感器，它具有灵敏度高、低转速信号测试可靠、集成加工容易、成本低的优点。MRE传感器采用透磁合金材料（MRE材料），这种材料通电后在外部磁场的作用下，本身磁场方向发生改变，因而电阻发生变化。

如图3-4-6所示，MRE材料安装在集成电路板上，当带磁铁的转子（磁环）旋转时，MRE传感器外部磁场方向发生变化，MRE的电阻也发生变化，集成电路根据电阻的变化输出脉冲信号（脉冲数量和磁环的磁极数量相同）。MRE 传感器是一种主动型传感器，发动机 ECU 必须施加电源（根据车型，通常有 5V、8V、9V 或 12V 几种电压）才能工作。

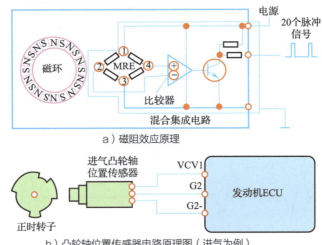

图 3-4-6 磁阻式传感器工作原理

丰田新型发动机（卡罗拉 1ZR-FE）采用的凸轮轴位置传感器（丰田也称为 G 信号传感器，图 3-4-6）为磁阻式，由磁铁和 MRE 元件组成。凸轮轴上有一个凸轮轴位置传感器的正时转子。凸轮轴旋转时，正时转子和 MRE 元件之间的空气间隙随之变化，从而影响磁铁的磁场变化，MRE 材料的电阻也同时发生变化。凸轮轴位置传感器将凸轮轴旋转数据转换为脉冲信号，并据此判断凸轮轴角度，然后发送到 ECU，作为 ECU 控制燃油喷射时间和喷射正时的数据。

MRE 型凸轮轴位置传感器和用于常规车型的耦合线圈型（即磁电型）凸轮轴位置传感器的区别见表 3-4-1，信号对比图如图 3-4-7 所示。

表 3-4-1 MRE 型凸轮轴位置传感器和用于常规车型的耦合线圈型（即磁电型）凸轮轴位置传感器的区别

项目	传感器类型	
	MRE（磁阻）	耦合线圈（磁电）
输出信号	自低发动机转速开始的恒定数字信号输出	模拟信号输出随发动机转速变化
凸轮轴位置检测	通过比较曲轴位置传感器信号与正时转子凸起/未凸起部分的 Hi/Lo（高位/低位）输出开关正时，或根据 Hi/Lo 输出期间输入 NE 信号数量进行检测	通过比较曲轴位置传感器信号与正时转子的凸起部分通过时输出的波形变化进行检测

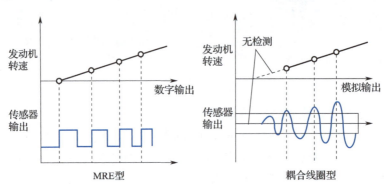

图 3-4-7 MRE 传感器和耦合线圈传感器信号对比图

（3）霍尔式曲轴/凸轮轴位置传感器的结构与工作原理

利用霍尔元件制成的传感器称为霍尔效应式传感器，简称霍尔传感器。

霍尔效应的原理如图3-4-8所示。在电流通过霍尔元件的同时，如果垂直施加磁场，霍尔元件就会产生垂直于此电流和磁场的电压差，此电压差所产生的电压和磁通量密度成正比地变化（即霍尔电压），这就是霍尔效应。霍尔式曲轴位置/凸轮轴位置传感器就是利用这个原理，将曲轴或凸轮轴转速的变化转变成脉冲式霍尔电压信号提供给发动机ECU。

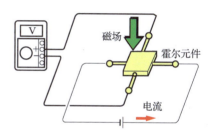

图3-4-8 霍尔效应的原理图

大众汽车通常采用的霍尔式凸轮轴位置传感器（图3-4-9a）安装在发动机配气凸轮轴的一端，主要由霍尔信号发生器（图3-4-9b）和信号转子组成（图3-4-9c）。信号转子又称为触发叶轮，安装在配气凸轮轴的一端，用定位螺栓和座圈定位固定，如图3-4-9c所示。当隔板（也称为叶片或切割片）进入气隙（即在气隙内）时，霍尔元件不产生霍尔电压，传感器输出高电平信号（5V或12V，根据ECU的参考信号）；当隔板离开气隙（即窗口进入气隙）时，霍尔元件产生霍尔电压，传感器输出低电平信号（0.1V），如图3-4-9d所示。发动机曲轴每转两转，霍尔传感器信号转子转一圈，对应地产生一个低电平信号和一个高电平信号，其中低电平信号对应于1缸压缩上止点前一定角度。

   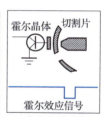

a）霍尔式凸轮轴位置传感器　　b）霍尔信号发生器　　c）信号转子盘　　d）霍尔效应信号

图3-4-9 大众汽车霍尔式凸轮轴位置传感器

上汽通用汽车如别克君威、雪佛兰科鲁兹等车型也采用霍尔式曲轴位置传感器。

下面以别克君威3.0L发动机的霍尔式曲轴位置传感器（也称为24X传感器）为例，介绍其特点。24X传感器安装在曲轴前端，采用触发叶片的结构型式，如图3-4-10所示。在发动机的曲轴传动带轮前端固装着信号轮，与曲轴一起旋转。信号轮外缘上均匀分布24个窗口。

图3-4-10 别克君威24X霍尔式曲轴位置传感器信号轮

霍尔式曲轴位置传感器的控制电路图如图3-4-11所示。3个端子分别为电源、信号和搭铁。当信号轮齿槽通过传感器时，霍尔传感器输出脉冲信号，高电位为12V，低电位为0.3V。霍尔式曲轴位置传感器的信号波形图如图3-4-12所示。

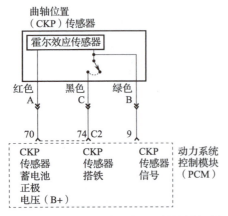

图 3-4-11　霍尔式曲轴位置传感器的控制电路图

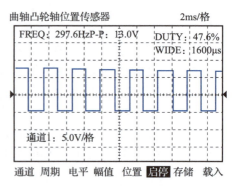

图 3-4-12　霍尔式曲轴位置传感器的信号波形图

二　基本技能

1. 曲轴位置传感器（磁电式）检测

大众迈腾汽车采用磁电式曲轴位置传感器，称为"发动机转速传感器，G28"，丰田卡罗拉也是采用磁电式曲轴位置传感器，称为"NE 传感器"。

曲轴位置传感器的检测

（1）曲轴位置传感器端子和电路图

磁电式曲轴位置传感器插接器的端子通常有两个（图 3-4-13），也有的车型是 3 个端子（图 3-4-14），比两个端子的插接器增加 1 个屏蔽线（避免信号干扰，两个端子的插接器屏蔽线不占用插接器端子）端子。

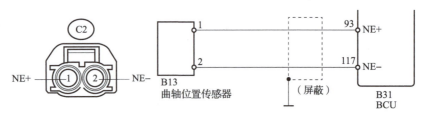

图 3-4-13　丰田汽车曲轴位置传感器插接器和电路图

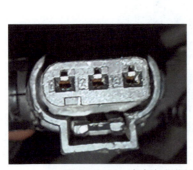
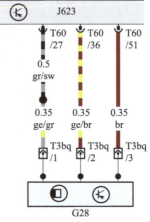

图 3-4-14　大众汽车曲轴位置传感器插接器和电路图

J623—发动机电子控制单元　　G28—发动机转速（曲轴位置）传感器
T60—控制单元 60 心插接器　　T3bq—G28 传感器 3 心插接器

(2)万用表检测

1)电阻检测。如图3-4-15所示,断开曲轴位置传感器的插接器,利用万用表检测传感器的电阻值,在20℃下,电阻值为1~2kΩ之间(与测试时的温度有关)。

2)交流电压信号检测。如图3-4-16所示,连接曲轴位置传感器的插接器,采用万用表交流电压档检测端子1和2之间的信号。发动机运转时,交流信号电压随转速的升高而升高。

如果检测不到信号,采用万用表检测传感器各端子到控制单元的线束是否导通(低于1Ω);线束与车身搭铁之间应不导通。

图3-4-15 曲轴位置传感器电阻检测

图3-4-16 曲轴位置传感器信号检测

(3)诊断仪器读取数据流

如图3-4-17所示,连接诊断仪器,进入数据流,发动机转速的数据流数值应该和发动机当前的转速一致。

图3-4-17 曲轴位置传感器(发动机转速)数据流

(4)示波器检测波形

连接示波器,检测曲轴位置传感器的信号波形(1和2端子之间)。

良好的波形在0V上下的幅值应基本一致,且随发动机转速的增加而增大,幅值、频率和形状在确定的条件(同样转速)下是一致的、可重复的、有规律的,如图3-4-18所示。

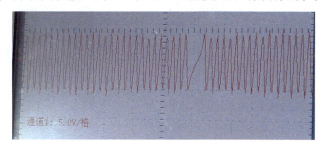

图3-4-18 曲轴位置传感器波形

2. 凸轮轴位置传感器(霍尔式)检测

大众迈腾汽车采用霍尔式曲轴位置传感器,称为"霍尔传感器,G40"。

(1)凸轮轴位置传感器端子和电路图

大众迈腾汽车的凸轮轴位置传感器(即霍尔传感器G40)插接器端子和电路图如图3-4-19所示,其中端子1为传感器电源,端子2为传感器信号,

凸轮轴位置传感器的检测

端子 3 为传感器搭铁。

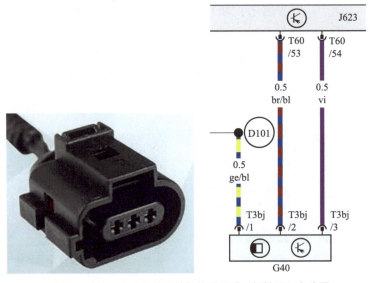

图 3-4-19　大众迈腾凸轮轴位置传感器插接器和电路图

J623—发动机电子控制单元　G40—霍尔（凸轮轴位置）传感器　T60—控制单元 60 心插接器
T3bj—G40 传感器 3 心插接器　D101—发动机舱线束连接位置编号

（2）万用表检测

1）供电电源检测。如图 3-4-20 所示，断开凸轮轴位置传感器的插接器，点火开关 ON，利用万用表直流电压档检测传感器的各端子电压值（控制单元一侧），1 号端子为控制单元提供的 5V 参考电源；2 号端子为凸轮轴传感器信号，发动机未运转时应为 12V 电压（根据控制单元一侧的参考电压确定）；3 号端子为凸轮轴传感器搭铁线，应为 0V 电压。

2）信号检测。如图 3-4-21 所示，连接凸轮轴位置传感器的插接器，采用万用表直流电压档检测端子 2（信号）和 3（搭铁）之间的电压信号。发动机运转时，信号电压随转速会变化（低频方波信号，测电压只能测到变化）。

图 3-4-20　凸轮轴位置传感器供电电源检测　　图 3-4-21　凸轮轴位置传感器电压信号检测

如果检测不到信号，采用万用表检测传感器各端子到控制单元的线束是否导通（低于 1Ω）；线束与车身搭铁之间应不导通。

（3）诊断仪器读取数据流

如图 3-4-22 所示，连接诊断仪器进入数据流，应观察到凸轮轴位置传感器信号数据。

图 3-4-22　凸轮轴位置传感器数据流

（4）示波器检测波形

连接示波器，检测凸轮轴位置传感器的信号波形（2 和 3 端子之间）。良好的波形是形状规则的方波，如图 3-4-23 所示。

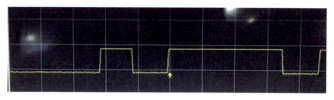

图 3-4-23　凸轮轴位置传感器波形

3. 曲轴/凸轮轴位置传感器故障排除与更换

根据以上检测的结论，如果不正确，查找故障原因，并排除故障（应清除故障码）。必要时，根据维修手册的拆装步骤更换曲轴/凸轮轴位置传感器。

任务五　温度传感器结构原理与检修

情境导入

情境描述

一辆一汽-大众迈腾 B7，装备 CEA 汽油电控发动机，发动机故障警告灯异常点亮。利用诊断仪器读取故障码为 P0118，发动机冷却液温度传感器电路电压高。你的主管把这个检修任务分配给你，你能完成吗？

情境提示

本情境中，"发动机冷却液温度传感器电路电压高"，可能是传感器线路断路，也可能是传感器本身损坏，检修时先检查线路，再检查传感器本身是否损坏。

学习目标

知识目标

1）能描述温度传感器的功用、类型、结构与工作原理。
2）能描述温度传感器各端子的功用及检测数据。

技能目标

1）能利用电路图及检测工具检测温度传感器。
2）能进行温度传感器故障排除与更换。

一　基本知识

1. 温度传感器的功用

汽车上用的温度传感器（图 3-5-1）有冷却液温度传感器、进气温度传感器、燃油温度传感器、排气温度

图 3-5-1　温度传感器

传感器和机油温度传感器等。温度传感器的功用是将被测对象的温度信号转变为电信号输入发动机电子控制单元 ECU，以便 ECU 根据此信号修正喷油、点火、电子冷却风扇等控制参数或判断检测对象的热负荷状态。

2. 温度传感器的类型、结构与工作原理

温度传感器内部是一个负温度系数的热敏电阻，根据温度变化，电阻值发生变化，使 ECU 提供的参考电压（5V）产生不同的信号电压。温度升高时，传感器电阻值下降，信号电压也下降；温度下降时，电阻值升高，信号电压也升高。

（1）冷却液温度传感器结构与工作原理

冷却液温度传感器（ECT 或 CTS）俗称为水温传感器，通常是双线传感器，如图 3-5-2 所示。冷却液温度传感器安装在发动机冷却水道上，其功用是将发动机冷却液温度信号变换为电信号输入 ECU，ECU 根据此信号修正喷油时间和点火时间，使发动机处于最佳工作状态。

图 3-5-2　冷却液温度传感器安装位置与外形

（2）进气温度传感器

进气温度传感器（ACT 或 IAT）通常安装在进气管路中（独立）、空气流量传感器内或进气歧管绝对压力传感器内，如图 3-5-3 所示。其功用是将进气温度信号变换为电信号输入 ECU，以便 ECU 修正喷油量。

 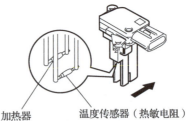

　　　　　　　　　　　　　　　　　　加热器　　温度传感器（热敏电阻）
独立的进气温度传感器　　　与空气流量传感器一体的进气温度传感器

图 3-5-3　进气温度传感器

进气温度传感器通常也是双线传感器，需要由 ECU 提供 5V 参考电压。在冷车时，进气温度传感器的信号电压与冷却液温度传感器的信号电压基本相同，在热车时，进气温度传感器的信号电压约为冷却液温度传感器的 2~3 倍。

二　基本技能

▶ **提示**：温度传感器内部是一个负温度系数的热敏电阻，该电阻具有负温度系数的特性，

温度高时电阻值小，温度降低时电阻值增大。电阻值在不同车型上的特性略有差异，一般温度为20℃时，电阻值为2 000~3 000Ω左右，温度为100℃时，电阻值为200~300Ω左右。

各种用途的温度传感器，工作原理和检测方法基本相同。

1. 冷却液温度传感器检测

（1）冷却液温度传感器端子和电路图

图3-5-4所示为丰田汽车冷却液温度传感器（丰田称为THW）插接器和电路图，其中端子1（ETHW）为冷却液温度传感器搭铁，端子2（THW）冷却液温度传感器信号。

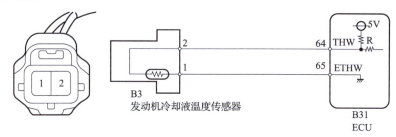

图3-5-4　丰田汽车冷却液温度传感器插接器和电路图

图3-5-5所示为大众汽车冷却液温度传感器（大众称为G62）电路图，传感器端子与丰田汽车基本相同。

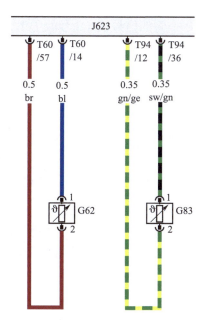

图3-5-5　大众汽车冷却液温度传感器电路图

J623—发动机电子控制单元　G62—发动机冷却液温度传感器　G83—冷凝器出口上的冷却液温度传感器
T60—控制单元60心插接器　T94—控制单元94心插接器

（2）万用表检测

检测温度传感器时，可以采用万用表测量传感器的电阻，以及控制单元提供给传感器的参考电压和传感器的输出信号。

1）电阻检测。如图3-5-6所示，断开传感器的插接器，采用万用表的电阻档，测量冷却液温度传感器在当前温度下的电阻值。如果需要准确测量，拆下温度传感器，放入热水中，测量传感器在不同温度下的电阻，如图3-5-7所示。冷却液温度传感器在不同温度下的电阻正常值见表3-5-1。

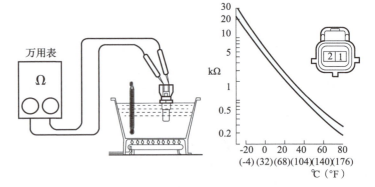

图3-5-6　就车测量冷却液温度传感器电阻　　图3-5-7　测量温度传感器在不同温度下的电阻值

表3-5-1　冷却液温度传感器在不同温度下的电阻正常值

端　子	条　件	电　阻　值
1-2	20℃	2.32~2.59kΩ
1-2	80℃	310~326Ω

2）参考电压检测。如图3-5-8所示，断开冷却液温度传感器插接器，在点火开关置于ON时，用万用表检测插接器ECU一侧的信号线（2号端子），应测得5V作用的参考电压，表示控制单元供电正常。

3）电压信号检测。如图3-5-9所示，连接冷却液温度传感器插接器，在点火开关置于ON时，用万用表检测插接器ECU一侧的信号线（1号端子），应该测得电压信号，信号根据当前的温度不同而变化。

图3-5-8　冷却液温度传感器参考电压检测　　图3-5-9　冷却液温度传感器电压信号检测

（3）诊断仪器检测

如图3-5-10所示，连接诊断仪器，读取控制单元的故障码并记录。进入数据流，读取冷却液温度传感器当前的数据流，数据流显示的数据应该为当前的温度值。

如果冷却液温度传感器本身或线路短路，故障警告灯点亮，ECU通常会设定80℃（断路时设定-40℃）作为替代信号计算喷油量和点火时刻。冷却液温度传感器在不同温度下的电阻值如果不符标准，会产生不同的故障现象：电阻值一直过大，向ECU表示一直是冷车，会造成热车难起动、混合气过浓、油耗增加、排气管冒黑烟等故障；电阻值一直过小，向ECU表示一直是热车，会造成冷车难起动、混合气过稀等故障。

检测时，可以断开或短接温度传感器的插接器，观察仪器数据流的变化。以丰田汽车为例，断开插接器时应该在 –40℃左右，短接插接器时应该在140℃左右。

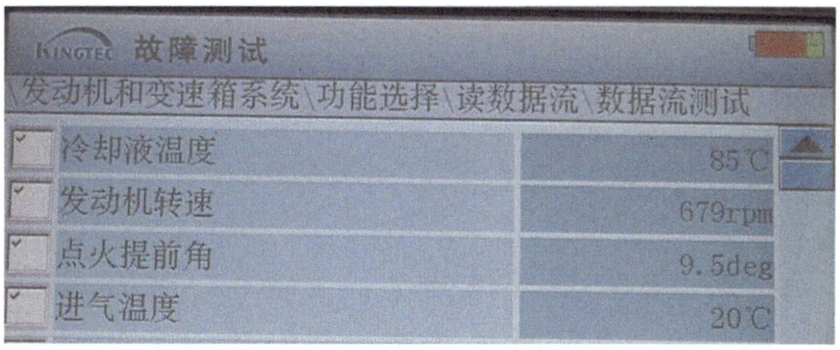

图 3-5-10 冷却液温度传感器数据流

2. 进气温度传感器检测

有的车型进气温度传感器独立安装，也有的车型与空气流量传感器或进气歧管绝对压力传感器安装在一起，但检测方法都基本一致。

（1）进气温度传感器端子和电路图

丰田汽车的进气温度传感器（丰田称为THA）与空气流量传感器（MAF）一体，插接器端子和电路图如图 3-5-11 所示，其中 B2 为插接器编号，端子 1（THA）为进气温度传感器信号，端子 2（E2）为进气温度传感器搭铁。

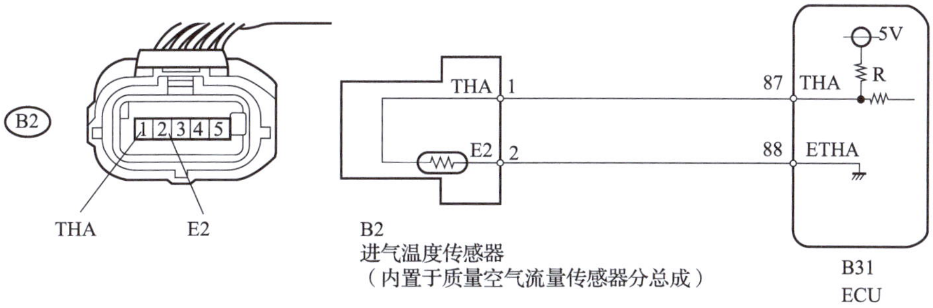

图 3-5-11 丰田汽车进气温度传感器插接器和电路图

大众迈腾汽车进气温度传感器（G42）与进气歧管绝对压力传感器（G71）一体，端子如图 3-5-12 所示，其中端子 1（T4b1/1）为传感器共同搭铁，端子 2（T4b1/2）为进气温度传感器 G42 的输出信号，端子 3（T4b1/3）为 ECU 提供的 5V 参考电压，端子 4（T4b1/4）为进气歧管绝对传感器 G71 的输出信号。

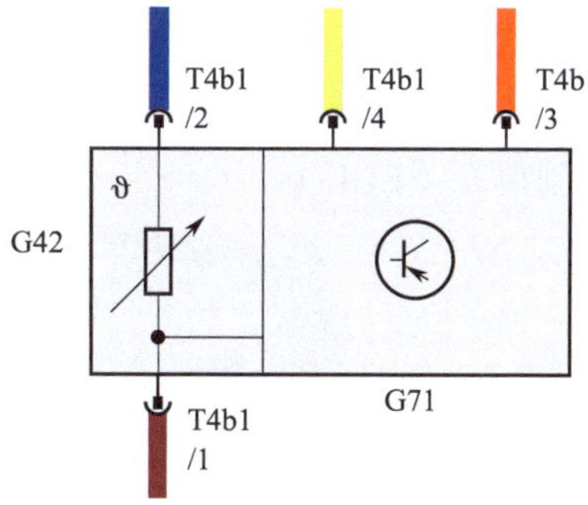

（2）进气温度传感器检测方法及数据

进气温度传感器及其他温度类的传感器检测步骤及检测数据参照冷却液温度传感器。

图 3-5-12 大众迈腾进气温度传感器端子图
G42—进气温度传感器 G71—进气歧管绝对压力传感器 T4b1—4 心插接器

3. 温度传感器故障排除与更换

根据以上检测的结论，如果不正确，查找故障原因，并排除故障（应清除故障码）。必要时，根据维修手册的拆装步骤更换温度传感器。

任务六　氧传感器结构原理与检修

情境导入

情境描述

一辆一汽-大众迈腾B7，装备CEA汽油电控发动机，发动机故障警告灯异常点亮。利用诊断仪器读取故障码为P0130，氧传感器电路故障。你的主管把这个检修任务分配给你，你能完成吗？

情境提示

本情境中，"氧传感器电路故障"的原因很多：①传感器线路短路或断路；②混合气不良造成传感器信号超出正常范围，控制单元误判；③传感器本身损坏；④控制单元损坏。检修时根据从简单到复杂的原则进行排除。

学习目标

知识目标

1）能描述氧传感器的功用、类型、结构与工作原理。
2）能描述氧传感器各端子的功用及检测数据。

技能目标

1）能利用电路图及检测工具检测氧传感器。
2）能进行氧传感器故障排除及更换。

一　基本知识

1. 氧传感器的功用

氧传感器是电控汽油喷射系统进行闭环控制的传感器（图3-6-1），安装于排气管上。在闭环控制方式中，利用氧传感器检测尾气中氧分子的浓度，并将其转换成电压信号输入电子控制单元（ECU）。

图3-6-1　氧传感器和安装位置

尾气中氧分子的浓度与进入发动机的混合气成分有关。当混合气太稀时，尾气中氧分子的浓度较高，氧传感器便产生一个低电压信号；当混合气太浓时，尾气中氧分子的浓度低，氧传感器将产生一个高电压信号。ECU根据氧传感器的反馈信号，不断地修正喷油量，使混合气成分始终保持在最佳范围内。

通常，氧传感器和三元催化净化器同时使用，由于后者只有在混合气的空燃比接近理论空燃比的狭小范围内净化效果才最好，因此，在此种情况下，ECU必须根据氧传感器的反馈信号，控制混合气的空燃比更接近于理论空燃比。

2. 氧传感器的类型、结构与工作原理

电控发动机采用的氧传感器主要有氧化锆（ZrO_2）和氧化钛（TiO_2）两种类型，其中氧化锆氧传感器应用比较广泛，氧化钛氧传感器大多应用在高端车型上。

（1）氧化锆氧传感器结构与工作原理

1）结构。如图3-6-2所示，氧化锆氧传感器又分为非加热型与加热型氧传感器两种类型，非加热型氧传感器插接器只有1个（传感器外壳直接搭铁）或两个端子，加热型有3个或4个端子（增加了加热丝电源和控制）。目前的电控发动机上普遍采用加热型氧传感器，其特点是在较低的排气温度下（如发动机起动后）仍能保持工作。非加热型氧传感器由于没有自加热功能，性能不佳，已经淘汰。

a）两线式非加热型氧传感器　b）四线式加热型氧传感器

图3-6-2　非加热型和加热型氧传感器

如图3-6-3所示，加热型氧化锆氧传感器主要由氧化锆传感元件、加热丝、保护管、六角座体、导线及插头（插接器）等部件组成。

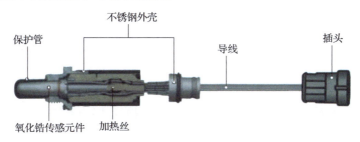

图3-6-3　加热型氧化锆氧传感器内部结构

2）工作原理。氧化锆氧传感器工作原理图如图3-6-4所示。氧化锆氧传感器是按固态电解质的氧浓度差原电池原理制成的。发动机工作时，陶瓷锆管的内表面与大气（外界空气）相通，外表面被尾气管中排出的尾气包围。两边的氧浓度相差悬殊。在温度较高时，锆管内、外表面上存在氧浓度差，氧气发生电离，内表面（大气一侧，氧浓度高）带负电荷的氧离子从大气一侧向尾气一侧扩散，结果锆管（固态电解质）成了一个微电池。内表面带正电成为正极，外表面带负电成为负极，在锆管两电极间产生电位差，两极间的电位差便是氧传感器的输出信号电压。信号电压的高低取决于锆管内表面（大气）、外表面（尾气）之间的氧浓度差。由于大气中的含氧量比较稳定，所以实质上取决于尾气中氧的含量。当混合气稀时，尾气含氧较多，两侧的浓度差小，只产生很小的电压；当混合气浓时，尾气含氧较少，加之铂电极的催化作用，两侧的浓度差急剧增大，两电极间的电压便突然增大。

氧化锆氧传感器产生的信号电压在过量空气系数$\lambda=1$时产生突变。当$\lambda>1$（混合气稀）时，氧化锆氧传感器输出信号电压几乎为零（小于0.1V）；当$\lambda<1$（混合气浓）时，氧化锆氧传感器输出信号电压接近1V（0.9V），如图3-6-5所示。氧化锆氧传感器相当于一个混合气浓稀开关。不同车型的氧化锆氧传感器，其输出特性有一些差异。

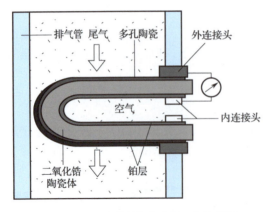 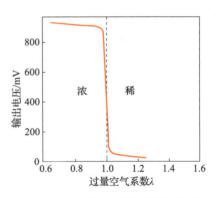

图 3-6-4 氧化锆氧传感器工作原理图　　图 3-6-5 氧化锆氧传感器输出特性

由于氧化锆氧传感器输出的信号电压随混合气浓度变化，混合气稀（λ>1），输出低电压信号（接近 0V）；混合气浓（λ<1），输出高电压信号（接近 1V）；氧传感器输出信号电压在 λ=1 处发生跃变，因此，氧传感器又称为"λ"传感器。

氧化锆氧传感器产生的电信号输入 ECU 后，在 ECU 输入电路中，信号电压与基准电压（一般为 0.45V）进行比较。当信号电压比基准电压高时，判定为混合气过浓；当信号电压比基准电压低时，判定为混合气过稀。ECU 借此可修正喷油时间，以使空燃比保持在理论值附近的一个狭小范围内。

当氧化锆氧传感器工作正常时，输出电压在高电平（0.9V）与低电平（0.1V）之间变动的频率，每分钟 8~10 次或更高。

氧化锆氧传感器必须满足发动机温度高于 60℃、氧化锆氧传感器自身温度高于 300℃、发动机工作在怠速工况和部分负荷工况三个条件，才能正常输出反映混合气浓度的电压信号。

（2）二氧化钛氧传感器结构与工作原理

二氧化钛（TiO_2）属于 N 型半导体材料，其电阻值大小取决于材料温度以及周围环境中氧离子的浓度，因此可以用来检测尾气中的氧离子浓度。

1）结构。氧化钛氧传感器的外形与氧化锆氧传感器相似，其内部结构如图 3-6-6 所示，主要由二氧化钛传感元件、钢质壳体、加热丝和电极引线等组成。

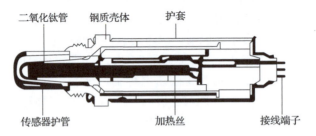

图 3-6-6 二氧化钛氧传感器内部结构

与氧化锆氧传感器不同的是，氧化钛氧传感器不需要与大气进行比较，因此传感元件的密封与防水十分方便。此外，在电极引线与护套之间设置一个硅橡胶密封衬垫，可以防止水汽浸入传感器内部而腐蚀电极。

二氧化钛是一种 N 型半导体材料，其电阻值取决于周围环境中氧离子浓度的大小，将其制作成管状，以便尾气中的氧离子能够均匀扩散与渗透。纯净的二氧化钛材料在常温下呈现高阻状态。但当表面一旦缺氧,其晶格就会出现缺陷,面值随之减小。钛管的内表面与氧离子浓度较高的大气相通、外表面与氧离子浓度较低的尾气相通。在钛管的内、外表面上覆盖一层铂金,并各引出一个电极,作为传感器的信号正极与信号负极。外表面的铂金具有催化作用,当混合气偏浓时,由于燃烧不完全,尾气中会剩余一定的氧气,铂金可使剩余氧离子与尾气中的一氧化碳产生化学反应,生成二氧化碳,将尾气中的氧离子进一步消耗掉,从而提高传感器的灵敏度。钢质壳体上制有螺纹,以便于传感器安装。由于氧化钛氧传感器必须满足一定的条件才能正常调节混合气浓度,所以将其安装在温度较高的尾气管上。同时,为使氧化钛氧传感器迅速达到工作温度(300℃),它采用加热元件对二氧化钛进行加热。加热元件采用热敏电阻,其上绕有钨丝并引出两个电极直接与蓄电池电源(12~14V)相连。

2)工作原理。由于二氧化钛半导体材料的电阻具有随尾气中氧离子浓度的变化而变化的特性(图3-6-7),所以二氧化钛氧传感器的信号源相当于一个可变电阻。当发动机的可燃混合气浓度较浓(空燃比小于14.7)时,尾气中氧离子含量较小,氧化钛管外表面氧离子很少或没有氧离子,二氧化钛呈现低阻状态。当发动机混合气浓度较稀(空燃比大于14.7)时,尾气中氧离子含量较多,氧化钛管外表面的氧离子浓度较大,二氧化钛呈现高阻状态。由此可见,二氧化钛氧传感器的电阻 R 将在混合气空燃比 A/F 约为14.7(过量空气系数约为1)时产生突变。

(3)宽量程氧传感器结构与工作原理

从氧化锆氧传感器和氧化钛氧传感器的输出特性可以看出,当混合气浓度为理论空燃比时,其输出的信号电压由低到高或由高到低发生突变,当混合气浓度大于或小于理论空燃比时,输出的信号电压变化微弱,ECU也难以识别。因此,采用普通的氧化锆氧传感器和氧化钛氧传感器,ECU只能根据其信号定性地判断混合气浓度比理论空燃比大或小,而无法定量确定混合气浓度。在尾气中氧浓度较高的电控柴油机以及采用稀薄燃烧技术的电控汽油机上,采用普通氧传感器一般难以达到降低排放污染的预期目的,为此大众、奥迪等新型汽车上开始使用一种新型的宽量程氧传感器(也称为宽带或宽频氧传感器,图3-6-8)。

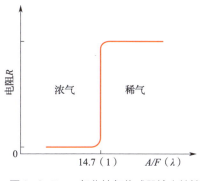

图3-6-7 二氧化钛氧传感器输出特性

图3-6-8 宽量程氧传感器

1)结构。宽量程氧传感器外形与普通氧传感器相似,尺寸比普通的氧传感器仅大几毫米,插接器通常有6个端子,内部结构如图3-6-9所示。

2)工作原理。宽量程氧传感器能够在较宽的空燃比范围内检测尾气中的氧浓度,一般以普通氧化锆氧传感器为基础扩展而来,氧传感器信号产生与氧化锆氧传感器的工作原理相同。

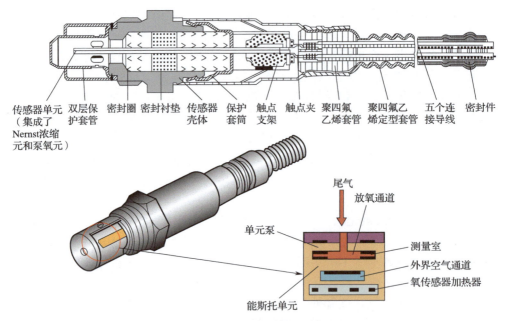

图 3-6-9 宽量程氧传感器内部结构

如图 3-6-10 所示，宽量程氧传感器在普通氧传感器基础上，增加了单元泵、检测室（也称为扩散室）、扩散通道等组成部件。氧化锆氧传感器感知通过扩散通道的小孔进入检测室的尾气中的氧浓度，并在内外两电极之间产生电动势。单元泵则相当于一个氧气泵，通过给其输入泵电流，将尾气中的氧"泵入"检测室，或将检测室中的氧"泵出"。电子控制单元（ECU）的功用则是力图使检测室内的氧浓度保持不变，即保持氧化锆氧传感器产生的电动势为 λ 电压值 0.45V 的平衡状态。

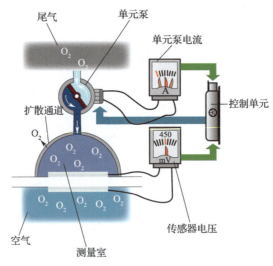

图 3-6-10 宽量程氧传感器工作原理

当混合气较浓，尾气中的氧浓度较小时，氧化锆氧传感器将产生高于 0.45V 的电动势，单元泵以原来的工作电流工作，泵入检测室的氧量少。此时，电子控制单元增大单元泵的工作电流，使单元泵旋转速度增加，增加泵氧速度，单元泵泵入检测室中的氧量增加，使 λ 电压值恢复到 450mV。其工作过程如图 3-6-11 所示。

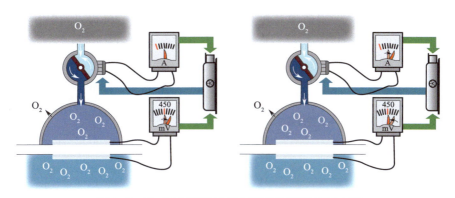

图 3-6-11 混合气较浓时宽量程氧传感器的工作过程

当混合气较稀，尾气中的氧浓度较大时，单元泵在原来的转速下会泵入较多的氧，检测室中氧的含量较多，λ电压值下降。为能使λ电压值尽快恢复到450mV，此时控制单元加大喷油量，同时减少单元泵的工作电流，这会使泵入检测室的氧量减少。单元泵的工作电流传递给电子控制单元，电子控制单元将其折算成电压值信号。其工作过程如图3-6-12所示。

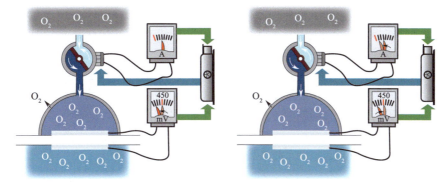

图 3-6-12 混合气较稀时宽量程氧传感器的工作过程

总之，随着尾气中的氧浓度变化，氧化锆氧传感器产生的电动势发生变化，而要使电动势保持在为0.45V的平衡状态，所需的泵电流也随之成正比变化。通过电子控制单元将变化的泵电流信号转换成连续变化的电压信号，电子控制单元根据此电压信号即可确定混合气的实际浓度。

宽量程氧传感器具有如下优点：能在λ=0.7~2.2空气成分的宽范围内精确地给出连续的特征变化曲线（图3-6-13），响应时间小于100ms；结构紧凑结实；良好的抗老化、腐蚀、沉淀、中毒等能力；对路面冲击不敏感；双层保护套管；使用寿命大于16万km。

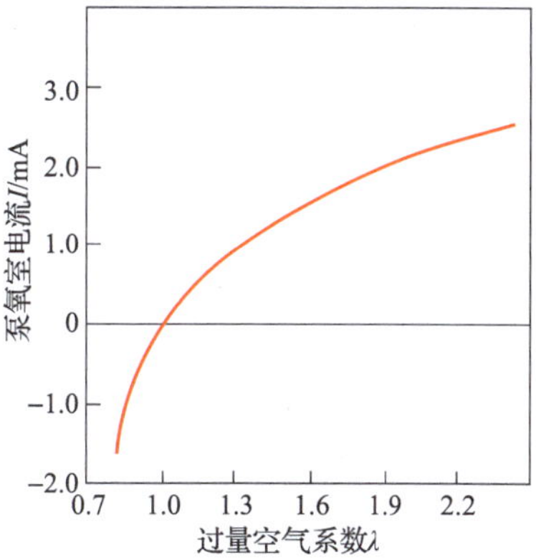

图 3-6-13 宽量程氧传感器特性曲线

3. 氧传感器的安装数量与三元催化净化器监控功能

（1）氧传感器的安装数量

电控发动机的自诊断系统（OBD-Ⅱ）为了监测三元催化净化器的转化效率，除在三元催化净化器的前端安装一个氧传感器外，在三元催化净化器的后端再安装一个氧传感器（图3-6-14）。一般称前者为主氧传感器、前氧传感器或上游氧传感器，称后者为副氧传感器、后氧传感器或者下游氧传感器。虽然前、后氧传感器的工作过程大致相同，但它们的物理特性不同，因此不能互换。氧传感器安装数量的多少，随车型及发动机气缸数量而异，在一些高端车型的"V8"发动机上，左、右排气管上各安装两只氧传感器，全车共安装四只氧传感器（图3-6-15）。

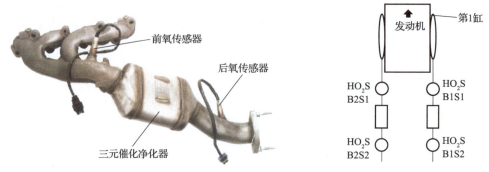

图3-6-14　前、后氧传感器安装位置图（4缸发动机）　　图3-6-15　"V8"发动机氧传感器数量及编号

（2）氧传感器的三元催化净化器监控功能

监测三元催化净化器的转化效率，这是OBD-Ⅱ的一项重要的功能。图3-6-16所示为三元催化净化器前后氧传感器检测信号波形对比图，如果三元催化净化器工作正常时，后氧传感器的信号波动转换明显很小。随着净化效率的降低，尤其在三元催化净化器老化之后，后氧传感器的信号波动幅度及频率明显增大。ECU在特定工况下，通过比较前后两个氧传感器的信号波动数值，就可以判断三元催化净化器的功能是否正常。通常，当后氧传感器的信号波形与前氧传感器的信号波形接近时，表示三元催化净化器已经失效。

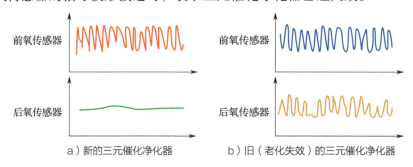

a）新的三元催化净化器　　b）旧（老化失效）的三元催化净化器

图3-6-16　三元催化净化器前后氧传感器检测信号波形对比图

二　基本技能

1. 普通氧传感器检测

下面以丰田汽车为例介绍普通型氧传感器的检测方法。一般情况下，丰田汽车的前（上游）氧传感器为氧化钛型，后（下游）氧传感器为氧化锆型。两种类型氧传感器的检测方法基本相同。

（1）氧传感器端子和电路图

丰田汽车发动机氧传感器插接器的端子图如图3-6-17所示，其电路图如图3-6-18所示。

氧传感器的检测 F

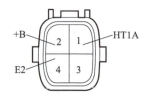

图3-6-17　丰田汽车发动机
前氧传感器的端子图

端子1—ECU加热器控制 HT1A
端子2—加热电源 +B
端子3—氧传感器信号 OX1A
端子4—搭铁（接地）E2

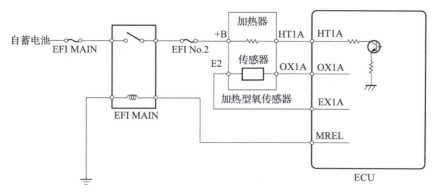

图 3-6-18 丰田发动机前氧传感器电路图

（2）万用表检测

1）氧传感器加热器电阻。如图 3-6-19 所示，断开氧传感器的插接器，采用万用表电阻档检测传感器的加热电阻，其正常值见表 3-6-1。

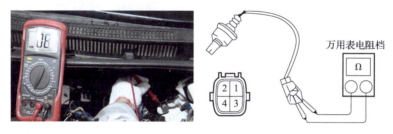

图 3-6-19 氧传感器加热电阻检测

表 3-6-1 氧传感器加热器电阻正常值

传感器端子	条　件	正　常　值
1（HT1A）-2（+B）	20℃	5~10Ω

2）氧传感器加热器电源。如图 3-6-20 所示，断开氧传感器的插接器，点火开关转到 ON，检测氧传感器加热电源端子的电压，其正常值见表 3-6-2。

图 3-6-20 氧传感器加热电源检测

表 3-6-2 氧传感器加热电源正常值

传感器端子	条　件	标　准　值
2（+B）-车身接地	点火开关置于 ON	11~14V（蓄电池电压）

3）氧传感器信号电压。如图 3-6-21 所示，利用万用表直流电压档，检测氧传感器信号电压时（氧传感器的信号线为端子 3，即 OX1A 端子接线，因空间狭小，检测必须事先引出连接线），方法如下：在检测过程中使发动机以 2 500r/min 左右的转速保持运转，检查氧传感器的信号电压能否在 0~1V 之间来回摆动，记下 10s 内电压表指针的摆动次数。在正常情况下，随着反馈控制的进行，氧传感器的信号电压将在 0.45V 上下不断变化，10s 内反馈电压的变化次数应不少于 8 次。若反馈电压在 10s 内的摆动次数等于或多于 8 次，则说明氧传感器及反馈控制系统工作正常；若在 10s 内的摆动次数少于 8 次，则说明氧传感器及反馈控制系统工作不正常（可能是氧传感器表面有积炭而使灵敏度降低），此时使发动机以 2 500r/min 的转速运转 2min（以清除传感器表面的积炭）。若信号电压变化依旧缓慢，则为氧传感器或电子控制单元（ECU）反馈控制电路有故障。

图 3-6-21 氧传感器信号电压检测

氧传感器信号不正常的原因可能是氧传感器本身，也可能是混合气确实过浓或过稀。可通过先急加速，再急减速，人为地使混合气变稀或使混合气加浓，来判断故障的原因。

（3）诊断仪器检测

如图 3-6-22 所示，连接诊断仪器进入数据流，氧传感器的信号电压变化情况与万用表检测一致。

图 3-6-22 氧传感器数据流

（4）示波器检测

连接示波器，检测氧传感器信号波形，如图 3-6-23 所示，其中 OK 为正常波形，NG 为异常波形的几种情况，实测波形（正常波形）如图 3-6-24 所示。

图 3-6-23 波形分析图

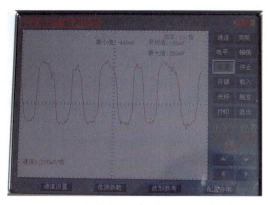

图 3-6-24　氧传感器信号波形

2. 宽量程氧传感器的检测

下面以大众汽车为例介绍宽量程（宽带）型氧传感器的检测方法。一般情况下，大众汽车前（上游）氧传感器为宽量程型，后（下游）氧传感器为普通氧化锆型。

（1）宽量程型氧传感器端子和电路图

大众汽车发动机宽量程型氧传感器端子如图 3-6-25 所示。

大众汽车发动机氧传感器电路图如图 3-6-26 所示。其中，Z19 为前氧传感器（宽量程）加热器；Z29 为后氧传感器（普通）加热器；G39 为前氧传感器（宽量程）；G130 为后氧传感器（普通）。

图 3-6-25　大众汽车发动机宽量程型氧传感器端子

端子 1—单元泵+　端子 2—参考电源（5V）
端子 3—加热电路 Z19（-）　端子 4—加热电路 Z19（+12V）　端子 5—单元泵
端子 6—传感器信号 G39

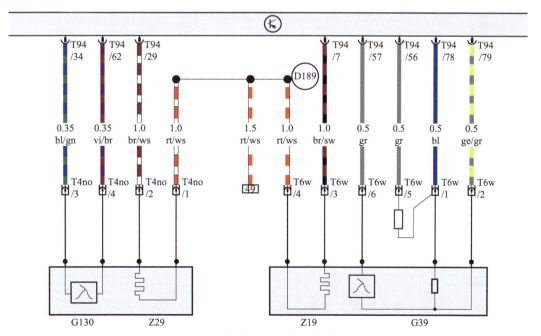

图 3-6-26　大众汽车发动机氧传感器电路图

（2）万用表检测

用万用表检测宽量程氧传感器的方法如下。

1）加热丝电阻。与普通型氧传感器相同。关闭点火开关，拆开传感器线束插接器，在传感器一侧检测加热丝（加热器）电源接脚与搭铁接脚间的电阻值，一般为4～40Ω（具体数值请查阅车型维修资料）。电阻值若为无穷大，则说明加热丝断路，应更换氧传感器。

2）加热电源。打开点火开关，在线束一侧检测加热丝电源接脚与搭铁接脚间的电压，正常应为蓄电池电压。

3）传感器信号。宽量程氧传感器单元泵的电流信号只能由ECU转换为电压值显示出来，只能通过读取数据流检测其信号电压。宽量程氧传感器的电压规定值为1.0～2.0V，电压值大于1.5V时说明混合气过稀，电压值小于1.5V时说明混合气过浓，电压值为0V、1.5V或4.9V的恒定值时都说明氧传感器线路有故障。

（3）诊断仪器检测

宽量程氧传感器的传感器信号只能采用诊断仪器的数据流检测。连接诊断仪器，进入数据流，观察氧传感器的信号电压变化情况，电压值变化与万用表检测一致。

3. 氧传感器故障排除与更换

根据以上检测的结论，如果不正确，查找故障原因，并排除故障（应清除故障码）。必要时，根据维修手册的拆装步骤更换氧传感器。

任务七　爆燃传感器结构原理与检修

情境导入

情境描述

一辆一汽－大众迈腾B7，装备CEA汽油电控发动机，发动机故障警告灯异常点亮，利用诊断仪器读取故障码为P0328爆燃传感器电路输入高。你的主管把这个检修任务分配给你，你能完成吗？

情境提示

爆燃传感器故障会导致发动机点火时刻异常，或发动机发生爆燃。

本情境中，"爆燃传感器电路输入高"，可能的原因有：①爆燃传感器电路断路；②爆燃传感器损坏；③发动机确实发生严重爆燃，导致爆燃信号超出正常范围。检修时，应根据从简单到复杂的顺序进行排除。

学习目标

知识目标

1）能描述爆燃传感器的功用、类型、结构与工作原理。

2）能描述爆燃传感器各端子的功用及检测数据。

技能目标
1) 能利用电路图及检测工具检测爆燃传感器。
2) 能进行爆燃传感器故障排除及更换。

一 基本知识

1. 爆燃传感器的功用

爆燃传感器（KS，也称为爆振传感器）作为点火正时控制的反馈元件，用来检测发动机的爆燃强度，借以实现点火正时的闭环控制，以便有效地抑制发动机爆燃的发生。

如图 3-7-1 所示，爆燃传感器一般安装在发动机的机体上，它能将发动机发生爆燃而引起的机体振动信号转换为电压信号，且当机体的振动频率与传感器的固有振动频率一致而发生共振时，传感器将输出最大电压信号，电子控制单元（ECU）将根据最大电压信号判定发动机是否发生爆燃，如果发生爆燃，则将延迟点火时刻，消除爆燃发生。

图 3-7-1　爆燃传感器和安装位置

2. 爆燃传感器的类型、结构与工作原理

（1）爆燃传感器的类型

爆燃传感器有多种类型，目前应用普遍的为压电晶体型爆燃传感器，压电晶体型爆燃传感器是利用压电晶体的压电效应制成的爆燃传感器。压电晶体型爆燃传感器又分为常规型爆燃传感器（谐振型）和平面型爆燃传感器（非谐振型）两种类型。图 3-7-2 所示为常规型和平面型爆燃传感器结构对比。

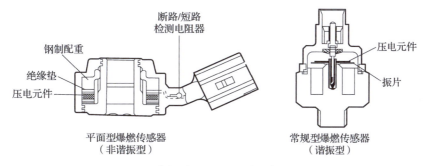

图 3-7-2　常规型和平面型爆燃传感器结构对比

常规型爆燃传感器（谐振型）的内置振片与发动机的爆燃频率有相同的振点就能检测到这一波段的振动，但平面型爆燃传感器（非谐振型）可检测到更宽波段（自 6~15kHz）的振动。

发动机爆燃频率根据发动机转速的不同会稍有变化。即使发动机爆燃频率改变，平面型爆燃传感器也可检测到振动。与常规型爆燃传感器相比，采用平面型爆燃传感器可提高振动检测能力，且能更精确地控制点火正时。

（2）爆燃传感器的结构与工作原理

下面以应用最广泛的平面型爆燃传感器（非谐振型）为例，介绍爆燃传感器的结构与工作原理。

如图 3-7-2 和图 3-7-3 所示，平面型爆燃传感器通过气缸体上的双头螺栓安装于发动机机体上。因此，在传感器中心有一个可穿过双头螺栓的孔。传感器内的上部固定有钢制配重，压电元件通过绝缘垫位于配重下面。发动机爆燃产生的振动传输至钢制配重，钢制配重的惯性给压电元件施加压力，此过程中会产生电动势，即爆燃信号。

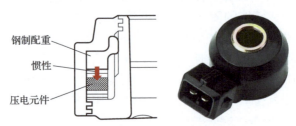

图 3-7-3　平面型爆燃传感器原理示意图

爆燃传感器内部的断路/短路检测电阻器集成一体。点火开关置于 ON 时，爆燃传感器内的断路/短路检测电阻器和发动机 ECU 内的电阻器使发动机端子爆燃信号 KNK1 的电压保持恒定。

平面型爆燃传感器电路图如图 3-7-4 所示。发动机 ECU 内的集成电路（IC）持续监视端子 KNK1 的电压。如果爆燃传感器与发动机 ECU 间发生断路/短路，则端子 KNK1 的电压将发生改变，发动机 ECU 检测断路/短路并存储故障码（诊断故障码）。

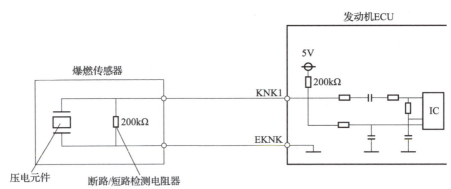

图 3-7-4　平面型爆燃传感器电路图

二　基本技能

1. 爆燃传感器检测

（1）爆燃传感器端子与电路图

图 3-7-5 所示为大众迈腾汽车爆燃传感器（G61）的插接器和电路图，其中爆燃传感器（G61）端子 1 是爆燃传感器信号，端子 2 是爆燃传感器搭铁，控制单元（J623）的 T60/8（控制单元 60 心插接器 8 号端子）是爆燃传感器屏蔽线的端子。

爆燃传感器的检测

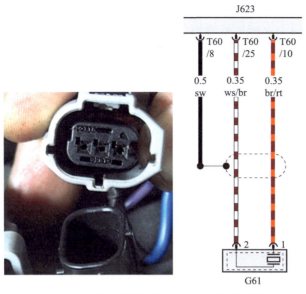

图 3-7-5　大众迈腾汽车爆燃传感器（G61）的插接器和电路图

（2）万用表检测

1）电阻检测。如图 3-7-6 所示，断开传感器插接器，利用万用表电阻档，检测爆燃传感器的电阻值。正常值为 120~280kΩ（20℃时）。

2）电压检测。如图 3-7-7 所示，断开传感器插接器，将点火开关转到 ON，利用万用表直流电压档，检测 ECU 提供给爆燃传感器的参考电压。KNK1（信号）和 EKNK（搭铁）端子之间的电压，正常值为 4.5~5.5V。

图 3-7-6　爆燃传感器电阻检测

图 3-7-7　爆燃传感器电压检测

（3）诊断仪器检测

采用诊断仪器读取故障码，以及读取发动机各缸检测爆燃反馈值（控制点火延迟角）的数据流。在正常情况下，发动机负荷发生变化，如急加速等工况下，爆燃反馈值应发生变化。

（4）示波器检测

爆燃传感器在发动机所有工况下都产生交流电压信号，在发动机运行过程中，ECU 接收信号大小和频率，计算爆燃传感器的平均信号电压。如果爆燃传感器信号正常，则爆燃信号在平均计算电压上下变化。

当发动机产生敲缸、振动、爆燃时，爆燃传感器输出波形的峰值电压和频率会增加，爆燃传感器通常设计成量程为 5~15kHz，当控制单元接收到这些频率时，将延迟点火时刻，以阻止继续爆燃。爆燃传感器信号波形如图 3-7-8 所示。

通常测试爆燃传感器的方法是，点火开关置于 ON，不起动发动机，用金属物敲击爆燃传感器附近的缸体，在敲击发动机缸体后，示波器上应有突变波形，敲击越大，幅值也越大，如图 3-7-9 所示。如果波形显示只是一条直线，则说明爆燃传感器没有信号输出，应检查导线和爆燃传感器本身。

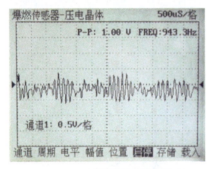 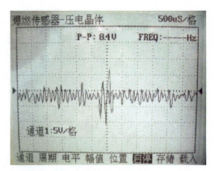

图 3-7-8　爆燃传感器信号波形　　　　图 3-7-9　轻击缸体时爆燃传感器波形

2. 爆燃传感器故障排除及更换

根据以上检测的结论，如果不正确，则查找故障原因，并排除故障（应清除故障码）。必要时，根据维修手册的拆装步骤更换爆燃传感器。

爆燃传感器安装注意事项如下。

1）安装爆燃传感器时，必须保证按规定力矩拧紧。如果拧紧力矩太大，则可能造成传感器破裂或传感器反应过于灵敏（点火延迟）；拧紧力矩太小，则爆燃反应不灵敏。

标准拧紧力矩：20N·m。

2）严重的撞击可能导致爆燃传感器损坏，因此不要采用跌落过的爆燃传感器。

项目四
电控发动机故障诊断与排除

本项目主要学习电控发动机故障诊断与排除,有3个工作任务:任务一是,自诊断系统认知与诊断仪器使用;任务二是,发动机电子控制单元故障诊断与排除;任务三是,电控发动机典型故障码诊断与排除。通过3个工作任务的学习,你能够认识电控发动机自诊断系统及电子控制单元(ECU)的结构组成与工作原理,掌握诊断仪器的使用知识和技能,以及电控发动机电子控制单元及典型故障码的诊断与排除方法。

任务一　自诊断系统认知与诊断仪器的使用

➡ 情境导入

情境描述

一辆一汽-大众迈腾B7,装备CEA汽油电控发动机,发动机故障警告灯异常点亮。你的主管把这个检修任务分配给你,你能完成吗?

情境提示

发动机故障警告灯异常点亮,说明发动机电控系统检测到故障后报警。维修之前需要利用故障诊断仪器,对汽车的自诊断系统进行故障检测,读取故障码,必要时分析数据流,为故障排除提供依据。

➡ 学习目标

知识目标

1)能描述汽车随车自诊断系统的相关知识。
2)能描述故障诊断仪器的使用方法。

技能目标

1)能认识诊断仪器。
2)能使用诊断仪器读取/清除故障码和读取数据流。

一 基本知识

1. 随车自诊断系统（OBD）的发展

随车自诊断系统（ON-BOARD DIAGNOSTIC，OBD）是利用安装在汽车内各个部位的传感器，自动检测车辆发生的故障，以故障码形式显示，并将故障信息存入汽车电子控制单元（ECU）的存储器中。

自20世纪80年代开始，各汽车制造厂开始在其生产的车辆上配备电子控制与OBD诊断系统，在车辆发生故障时，OBD系统可以警示驾驶员，维修人员在维修时可以由特定的方式读取故障码，根据故障码的含义找出故障部位，以加快维修时间。

（1）第一代随车自诊断系统（OBD-Ⅰ）

汽车尾气排放是造成空气污染的一个重要因素。为了限制和降低汽车尾气排放，1985年美国加州大气资源局（CARB）开始制定法规，要求各汽车制造厂在加州销售的车辆，必须装备OBD系统，称为OBD-Ⅰ（第一代随车自诊断系统）。同时，美国加州大气资源局（CARB）规定OBD-Ⅰ必须符合下列要求。

1）组合仪表必须有"故障警告灯"（MIL），以提醒驾驶员注意特定的车辆系统已发生故障（通常是废气控制相关系统）。

电控发动机运行中，若电控系统的电子控制单元（ECU）检测到故障，则会将故障信息存储在存储器里，并通过点亮仪表故障警告灯，提示有故障需要检修。故障排除后，清除故障码，故障警告灯会熄灭，恢复正常。

不同的车型，发动机故障警告灯也有所不同，有的用英文单词，如"CHECK ENGINE"（检查发动机）或"service engine soon"（尽快维修发动机），也有的采用英文缩写"EPC"（电子功率控制），大部分车型采用发动机形状的警告灯。常见的发动机故障警告灯如图4-1-1所示。

2）OBD系统必须有记录/传输相关废气控制系统故障码的功能。

图4-1-1　常见的发动机故障警告灯

3）电器元件监控必须包括氧传感器（O2S）、排气再循环（EGR）、汽油蒸发控制系统（EVAP）。

当OBD-Ⅰ正式在1988年全面实施时，虽然美国环保局（U.S.EPA）并未强制要求其他州销售的车辆（除了加州以外）也要配备OBD-Ⅰ系统，但实际上各汽车制造厂在其他州销售的车辆也都配备了相同的系统。

当初，加州大气资源局制定OBD-Ⅰ的用意是减少车辆废气排放，以及简化维修流程，但由于OBD-Ⅰ规定不够严谨，它遗漏了三元催化净化器的效果监测，以及汽油蒸发系统的泄漏监测，再加上OBD-Ⅰ的监测线路敏感度不高，等到发觉车辆有故障再进厂维修时，事实上已排放大量废气。

OBD-Ⅰ规定除了无法有效地控制废气排放，它还引起另一个重要的问题：各汽车制造厂发展了各自的诊断系统、检修流程、特殊工具等，使得非制造厂指定的维修技师在维修车辆时必须面对更复杂的维修环境。虽然有的汽车制造厂采用标准化针脚（端子）相同的诊断座，但仍保留自己定义的故障码，信息传输不是SAE或ISO标准格式，无法相互通信，维修时必须采用不同的诊断系统。加州大气资源局（CARB）眼见OBD-Ⅰ离当初制定的目标越来越远，即开始发展第二代随车诊断系统（OBD-Ⅱ）。

(2) 第二代随车自诊断系统（OBD-Ⅱ）

OBD-Ⅱ（也称为 EOBD）是随车自诊断系统第二代的简称，在 1993 年以前的诊断系统称为第一代诊断系统。美国汽车工程师学会（SAE）制定了一套标准规范，经美国环保局（U.S.EPA）及美国加州大气资源局（CARB）认证通过这一标准，并要求各汽车制造厂依照 OBD-Ⅱ的标准提供统一的诊断模式、统一的诊断座（Data Link Connector，简称 DLC），以及只要符合标准的仪器即可对各品牌车型进行故障诊断。

虽然 OBD-Ⅱ是美国的标准，开始只是要求销售到美国加州地区的车辆，不论欧、美、日的车辆均须合乎该标准，但世界各国的汽车制造厂大都参照这个标准来装备车辆。

(3) 多用随车自诊断系统（MOBD）

2000 年左右，车载局域网络（CAN BUS）技术广泛应用，多用随车自诊断（MOBD）技术产生，互联网技术应用于汽车故障诊断与维修中（包括远程诊断、资料更新、软件升级等）。

在 OBD-Ⅱ控制系统中，每个控制单元都是相对独立的，在维修过程中诊断仪器要分别进入到发动机、变速器、ABS、防盗等控制单元中去读取故障码和读取有关数据。在 MOBD 系统中，发动机、变速器、ABS、防盗等各个控制单元都通过数据总线 BUS 线路连接（图 4-1-2）。因此，诊断仪器能利用 BUS 线路同时监控及读取其他控制单元的故障码和数据。

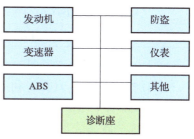

图 4-1-2 MOBD 系统示意图

MOBD 系统的本质也是 OBD-Ⅱ系统，但在利用 MOBD 系统进行故障诊断时，维修技术人员必须具备以下两种能力。

1）英文阅读能力。
2）互联网络的搜寻和查找新信息能力。

在传统汽车维修中的那种"猜猜看—拆拆看—换换看"的模式已经不适合新型汽车维修了，技术人员必须上网阅读有关英文技术资料。有关汽车相关的资料都可以在网上查找，而不是向汽车制造厂索取资料。

在网络上可以查询电子公司（如西门子、博世等）在汽车上发展的电子芯片的资料，以及传输的有关协议和语言的解析都会得到。根据这些资料，有些控制单元电子和机械的工程师就可以制作汽车检测设备。在维修某些新款车型的时候，有的故障码在 OBD-Ⅱ的故障码表里没有定义，如果咨询汽车制造厂，制造厂有时也不知道该故障码的含义，需要找制造该控制单元的电子公司来寻求相关技术资料。

2. 随车自诊断（OBD-Ⅱ）系统的特点和应用

(1) OBD-Ⅱ系统的特点概述

1）统一各品牌车型的诊断座形状为 16 针脚（端子），如图 4-1-3 所示。为了便于连接

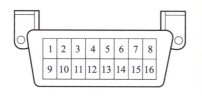 

图 4-1-3 OBD-Ⅱ诊断座

诊断仪器，诊断座通常装置在驾驶室的仪表板下方。

标准的OBD-Ⅱ诊断座针脚功用见表4-1-1。

表4-1-1 标准的OBD-Ⅱ诊断座针脚功用

针脚编号	针脚功用	针脚编号	针脚功用
1号	提供制造厂应用	9号	提供制造厂应用
2号	SAE-J 1850资料传输	10号	SAE-J 1850资料传输
3号	提供制造厂应用	11号	提供制造厂应用
4号	直接车身搭铁	12号	提供制造厂应用
5号	信号回馈搭铁	13号	提供制造厂应用
6号	CAN H	14号	CAN L
7号	ISO-9141资料传输K线	15号	ISO-9141资料传输L线
8号	提供制造厂应用	16号	蓄电池电源正极（常电源）

2）OBD-Ⅱ系统必须具有数据分析资料传输功能。资料传输线有两个标准：

ISO标准（ISO-9141）利用诊断座的7号、15号针脚。

SAE标准（SAE-J1850）利用诊断座的2号、10号针脚。

3）统一各品牌车型相同故障码及含义，即不同品牌车型的故障码及含义都相同。

4）具有行车记录器功能（冻结帧/定格数据），能锁定记忆故障码时的数据流。

5）具有重新显示记忆的故障码功能。

6）具有可由仪器直接消除故障码的功能。

(2) OBD-Ⅱ的统一故障码标准

一组OBD-Ⅱ故障码是由5个代码组合而成，第一个代码为英文代码，代表测试系统，如B代表车身控制系统（BODY），C代表底盘控制系统（CHASSIS），P代表发动机和变速器控制系统，即动力控制总成（POWERTRAIN），U代表车载网络系统（CAN）。

例如：故障码"P1352"，其中第一位"P"代表测试系统；第二位"1"代表汽车制造厂码，该码可以是"0~3"的数字，如果该码为"0"，代表是SAE所定义的故障码，其他的"1""2"或"3"等代码，代表汽车制造厂，由制造厂自己定义；第三位"3"代表SAE定义的故障范围（表4-1-2）；第四、五位"52"代表原制造厂设定的故障码（故障定义的顺序）。

表4-1-2 OBD-Ⅱ故障码的故障范围

代码	SAE定义故障范围	代码	SAE定义故障范围
1	燃料或空气计量系统不良	5	急速控制系统不良
2	燃料或空气计量系统不良	6	控制单元或输出控制元件不良
3	点火不良或间歇熄火	7	变速器控制系统不良
4	废气控制系统不良	8	变速器控制系统不良

(3) OBD-Ⅱ故障码种类

根据故障是否对排放有影响及其严重程度，故障码有以下分类。

1）影响排放故障码。

A类：发生一次就会点亮故障警告灯和记录故障码。

B 类：两个连续行程中各发生一次，才会点亮故障警告灯和记录故障码。

E 类：三个连续行程中各发生一次，才会点亮故障警告灯和记录故障码。

OBD-Ⅱ要求任何影响排放的故障都必须在三个连续行程中诊断出，且点亮故障指示灯，记录故障码发生时的定格数据。

> **注：** 一个行程是指 OBD-Ⅱ测试能得以完成的驱动循环（一般是点火开关置于 ON/START 到 OFF 再到 ON/START）。

2）不影响排放故障码。

C 类：故障发生时记录故障码，但不点亮故障指示灯。汽车制造厂家可根据需要点亮另一个警告灯。

D 类：故障发生时记录故障码但不点亮故障警告灯。

（4）OBD-Ⅱ故障检测和指示灯的熄灭

1）故障检测。对于绝大多数车型，不再提供手工（即不用故障诊断仪器）诊断闪烁码。

2）对 OBD-Ⅱ的故障检测必须通过故障诊断仪器和标准诊断诊断座。

市面上普通的故障诊断仪器只要具有 OBD-Ⅱ（EOBD）功能，就可以用于任何 OBD-Ⅱ车型。

3）警告灯的熄灭。

①强制熄灭。用故障诊断仪器清零或者断开控制单元的电源可以暂时清除故障码和熄灭故障灯。如果故障没有被排除，OBD-Ⅱ会再次诊断出故障，一个或多个行程后还会点亮故障警告灯。多用于汽车维修服务后的诊断测试。

②自动熄灭。如果发生的故障自动消失，且通过了三次连续行程的自我诊断，那么故障警告灯会自动熄灭。

4）OBD-Ⅱ检测的主要传感器。以下传感器发生故障时会点亮警告灯：空气流量传感器（MAF）、进气压力传感器（MAP）、节气门位置传感器（TPS）、冷却液温度传感器（ECT）、进气温度传感器（IAT）、氧传感器（O2S）、车速传感器（VSS）、凸轮位置传感器（CMP）、曲轴位置传感器（CKP）、排气再循环阀位置传感器（EGRP）、爆燃传感器（KS）。

以下传感器不影响排放，发生故障时不点亮警告灯，只记忆故障码：G 传感器（用于缺火诊断时路面状况判别）、空调压力传感器。

5）OBD-Ⅱ检测的主要执行器。以下执行器发生故障时会点亮警告灯：点火控制回路、喷油器控制回路、炭罐电磁阀控制回路、急速控制阀、排气再循环阀控制电磁阀。

以下执行器不影响排放，发生故障时不点亮警告灯，只记忆故障码：空调压缩机离合器继电器、冷却风扇继电器、可变进气管道控制电磁阀（需通过排放确认对排放影响不大）。

（5）OBD-Ⅱ故障码性质

发动机故障警告灯报警后，对故障信息需要通过诊断仪读取故障码，根据故障码判断故障原因。诊断仪所读取的发动机故障码，不表示一定存在此故障，因为故障码的性质不确定，根据故障码的性质，读取的故障码分为如下几种。

1）历史故障码和当前故障码。历史故障码又称为间歇性故障码，它是过去发生但当前没有发生的故障所产生的还未被清除的故障码。

历史故障码产生有两种情况：一种是故障已经排除，只是未清除故障码，该故障码能被清除后就不会再次产生；另一种是故障并未排除，只是当前没有发生，该故障码被清除后，当故障再次发生时，故障码还会出现，因此只有在彻底排除故障后，才能完全清除故障码。

当前故障码是正在发生的故障所产生的故障码，是当前确实存在的故障，且故障码也存在，它属于持续性故障产生的当前故障码，它不会被清除。

2）自生性故障码和他生性故障码。自生性故障码就是由故障码所指示的元器件或相关的电路故障导致的故障码；他生性故障码是非故障码所指示的元器件或相关电路包括非电控电路所导致的故障码。若自诊断系统存储的是自生性故障码，则故障可通过换件或维修相关的电路修复；若是他生性故障码，则更换故障码显示的元器件或维修相关电路不但不能消除故障，有时甚至会导致维修工作误入歧途。

（6）OBD-Ⅱ系统故障检修步骤

对于具有OBD-Ⅱ功能的车辆，故障的检修遵循如下步骤（图4-1-4）。

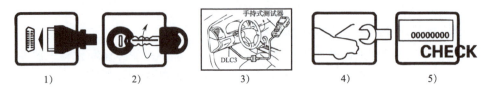

图4-1-4　OBD-Ⅱ系统故障诊断步骤

1）连接故障诊断仪器到诊断座。
2）点火开关置于ON或起动发动机。
3）读取故障码或数据流，分析故障原因。
4）维修车辆，排除故障。
5）清除故障码，验证故障是否排除。

故障码诊断的注意事项如下。

1）清除故障码前，可以将故障码信息打印出来，留作存储。
2）故障码的清除，有的车型故障排除以后故障码会自动清除，故障警告灯熄灭；有的车型断开蓄电池，故障码清除，故障警告灯熄灭；大部分车型需要诊断仪清除故障码，故障警告灯熄灭。
3）诊断仪器在读取故障码诊断时，点火开关不能关闭（ON位置或发动机运转）。
4）诊断仪器诊断故障时，如果发动机处于运行状态，运行时间不能太长，一个诊断流程结束，尽快关闭发动机，等候一段时间再进行下一流程的诊断。

二　基本技能

1. 故障诊断仪器认识

对汽车自诊断系统进行检测的仪器称为故障诊断仪，或故障扫描仪，俗称解码器。

（1）故障诊断仪的功能

汽车故障诊断仪是汽车维修中非常重要的工具，利用诊断仪维修人员可以迅速地读取电控系统的传感器、执行器以及ECU的工作状态，判定电控系统工作是否正常，是维修人员迅速查明故障部位及原因的得力助手。

故障诊断仪通常具备的功能：读取故障码；清除故障码；读取动态数据流（大众汽车公司称为"数据块"）；元件动作测试；控制单元匹配、设定及编码等功能；有些故障诊断仪还集成了万用表及示波器的功能。大众奥迪汽车故障诊断仪的功能见表4-1-3。

表 4-1-3 大众奥迪汽车故障诊断仪的功能

序号	功 能	点火开关/发动机状态	备 注
01	查询控制单元版本	点火开关置于 ON 或发动机运转	确定控制单元软硬件信息
02	查询故障存储器	点火开关置于 ON	读取故障码
03	执行元件诊断	点火开关置于 ON	执行器动作测试
04	基本设定	点火开关置于 ON	电子节气门系统初始化
05	清除故障存储器	点火开关置于 ON	清除故障码
06	结束输出	点火开关置于 ON	仪器退出到主界面
07	控制单元编码	点火开关置于 ON	启用控制单元预装程序编码
08	读取测量数据块	点火开关置于 ON 或发动机运转	读取数据流
09	读取单个数据块	点火开关置于 ON 或发动机运转	只读取某元件的单个数据流
10	自适应	点火开关置于 ON	控制单元自我学习（如混合气，或防盗钥匙匹配）
11	登录	点火开关置于 ON	进行防盗钥匙匹配或其他安全相关操作时输入安全密码

（2）故障诊断仪的类型

故障诊断仪分为专用型诊断仪和通用型诊断仪。专用型诊断仪是汽车制造厂家提供或指定，由 4S 店内使用的，针对某一特定汽车品牌开发的诊断仪。随着汽车电子技术的不断发展，汽车诊断仪的诊断功能也在不断升级，如图 4-1-5 所示的大众汽车专用诊断仪有早期的 VAG1551（手持型仪器），以及图 4-1-6 所示的 VAS6160（安装诊断程序的笔记本计算机，配套诊断接头及传输线）。通用型诊断仪有金德诊断仪（图 4-1-7）、元征诊断仪（图 4-1-8）、道通诊断仪（图 4-1-9）等。

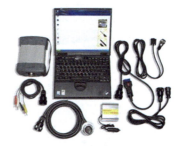

图 4-1-5 大众汽车 VAG1551 和 VAG1552 诊断仪器　　图 4-1-6 大众汽车 VAS6160 诊断系统

图 4-1-7 金德通用型诊断仪　　图 4-1-8 元征通用型诊断仪　　图 4-1-9 道通通用型诊断仪

虽然诊断仪器类型多种多样，但测试功能基本相同。不同的诊断车型，以及诊断仪器品牌或软件版本不同，操作程序有一定的区别，请根据仪器提示操作。

2. 故障诊断仪器使用

下面以金德公司KT600诊断仪器为例，介绍利用诊断仪器对发动机进行故障诊断的方法。其他品牌仪器请参考相关的操作说明书。

1）取出诊断仪器主机，连接仪器电源线，根据需要可以连接蓄电池（图4-1-10），也可以连接到点烟器（图4-1-11）获取电源。

图4-1-10　从蓄电池获取电源　　　　　图4-1-11　从点烟器获取电源

2）如图4-1-12所示，将信号传输线的一端连接到诊断仪器上。
3）如图4-1-13所示，将OBD-Ⅱ诊断接头（或根据车型选择接头）连接到传输线上。

图4-1-12　传输线连接到诊断仪器上　　　图4-1-13　连接仪器诊断接头

➢ **提示**：有些型号的诊断仪器没有自动识别功能，如果诊断座的诊断接头选择错误，可能出现诊断仪器无法与车辆的控制单元连接，需更换正确的接头。例如，检测CAN系统的车型，应选择带CAN功能的OBD-Ⅱ诊断接头。

4）如图4-1-14所示，将仪器诊断接头连接到车辆的诊断座上。
5）如图4-1-15所示，按诊断仪器的电源键开机。

图4-1-14　连接车辆诊断座　　　　　　图4-1-15　诊断仪器开机

6）如图4-1-16所示，打开点火开关，操作诊断仪器触摸屏，选择"汽车诊断"功能。

➢ **提示**：请参阅诊断仪器说明书，查阅诊断仪器功能介绍。

7）如图4-1-17所示，选择所诊断的汽车品牌。

图4-1-16　选择"汽车诊断"功能

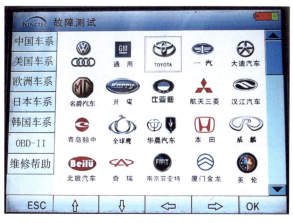

图 4-1-17　选择诊断汽车品牌

8）如图 4-1-18 所示，进入系统菜单，选择所诊断的系统。

9）如图 4-1-19 所示，进入功能菜单，选择所需要的诊断功能（如读取当前故障码）。

图 4-1-18　选择诊断的系统

图 4-1-19　选择所需要的功能

10）如图 4-1-20 所示，进入功能菜单，选择所需要的诊断功能（如清除故障码）。

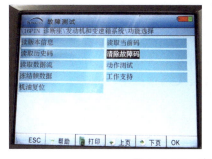

图 4-1-20　清除故障码

11）如图 4-1-21 所示，进入功能菜单，选择所需要的诊断功能（如读取数据流）。

图 4-1-21　读取数据流

12）根据仪器提示退回主菜单，并关闭电源，拆卸传输线，整理归位。

任务二　发动机电子控制单元故障诊断与排除

情境导入

情境描述

一辆一汽-大众迈腾 B7，装备 CEA 发动机，行驶里程 8 万 km，发动机不能起动，发动机故障警告灯长亮，故障诊断仪器无法与车辆通信。你的主管把这个检修任务分配给你，你能完成吗？

情境提示

发动机不能起动，应该利用仪器读取自诊断系统的故障码，但故障诊断仪器无法与车辆通信，在排除诊断仪器本身故障的前提下，电子控制单元及通信线路发生故障可能性很大。检测时应排除电子控制单元的电源、搭铁及通信线路，如果正常，则可以判断电子控制单元本身故障。

学习目标

知识目标

1）能描述发动机电子控制单元的功能和特点。
2）能描述发动机电子控制单元的结构组成。
3）能描述发动机电子控制单元的工作过程。
4）能描述发动机电子控制单元的常见故障与排除方法。

技能目标

1）能进行诊断仪器不能与发动机电子控制单元通信故障分析。
2）能进行发动机电子控制单元电源、搭铁及通信线路检测。

一　基本知识

1. 发动机电子控制单元的功能和特点

电子控制单元（Electronic Control Unit，ECU），简称电控单元或控制单元，俗称"电脑"

或"微机"。也有的汽车制造厂家将发动机的控制单元也称为 ECU（Engine Control Unit），或发动机控制模块（Engine Control Module，ECM），当同时控制发动机和自动变速器时则称为动力控制模块（Power Control Module，PCM）。下面如果没有特别说明，则 ECU 特指发动机电子控制单元。

ECU 是以单片微型计算机（即单片机）为核心所组成的电子控制装置，具有强大的数学运算、逻辑判断、数据处理与数据管理等功能。ECU 是汽车电子控制系统的控制中心，其功用是分析处理传感器采集到的各种信息，并向执行器发出控制指令，使之产生相应的动作。图 4-2-1 所示为 ECU 的外形及安装位置示意图。

图 4-2-1 ECU 的外形及安装位置示意图

（1）发动机电子控制单元的控制功能

ECU 根据所接收到的各类传感器及开关输入电信号精确地实现如下功能的控制。

1）起动控制。发动机起动时，ECU 根据冷却液温度、进气温度、转速等信号，控制喷油器增加喷油量，以及控制怠速控制机构（如节气门电动机）保持最大开度。

2）暖机和三元催化净化器的加热控制。当发动机温度较低时，ECU 控制增大喷油量和保持怠速控制机构最大的开度以缩短发动机暖机时间。

ECU 采用适度推迟点火提前角的方法利用废气对三元催化净化器进行加热，缩短三元催化净化器进入正常工作的过渡时间，降低污染物的排放。

3）加速/减速和倒拖断油控制。当汽车加速时，ECU 适量增加喷油量，以满足汽车加速时的动力性要求；当汽车减速时，ECU 适量减少喷油量，以实现汽车减速时的经济性要求；在急减速、发动机处于强制怠速工况（节气门全关，发动机转速比目标转速高）和倒拖工况（指发动机在飞轮处提供的功率是负值的情况），ECU 减少甚至切断喷油以减少燃油消耗和控制污染物排放。

4）怠速控制。为保证发动机在较低的怠速下稳定运行，ECU 的闭环怠速控制系统必须维持产生的转矩与发动机"功率消耗"之间的平衡。

5）混合气闭环控制。ECU 根据氧传感器的反馈信号，通过修正喷油持续时间来控制混合气的空燃比更接近于理论空燃比。

6）蒸发排放控制。燃油箱内的燃油蒸气通过导管被收集在活性炭罐中，ECU 通过控制炭罐的电磁阀来实现活性炭罐内燃油蒸气被吸入进气歧管参加燃烧。

7）燃油喷射控制。ECU 能够对喷油正时和喷油脉宽进行控制，从而为发动机提供最佳的空气/燃油混合比。

8）点火正时控制。ECU 根据发动机转速、进气量、发动机冷却液温度和大气压力信号控制点火初级电路中功率晶体管导通和截止状态，从而控制点火正时。

9）换档时机控制。在换档手柄处于不同工况位置时，ECU 通过检测换档模式选择开关所处的位置、车速和节气门开度等信号，适时发出指令，开启或闭合系统输出装置中的换档电磁阀，从而控制各换档阀和执行机构中离合器与制动器的动作，使自动变速器准确而可靠地完成升档或降档变换。

10）锁止时机控制。在自动变速器的电子控制系统（发动机和变速器协同控制）中，存有对应于每种换档模式下控制锁止离合器接合与分离的程序，按此程序的规定，ECU 根据所接收到的车速、节气门开度等传感器信号，向锁止电磁阀发出指令，控制液力变矩器的锁止时机。与此同时，ECU 还通过控制流经锁止电磁阀的激励电流来调节作用于锁止离合器的油压，使该离合器的接合与分离平稳，改善乘坐舒适性。

11）减速控制。当换档手柄处于超速档、车辆以较低的车速行驶时，若进一步减速，则电子控制自动变速器并非由超速档直接降至三档，而是跳过三档，先降至二档很短一段时间后再升至三档。ECU 的这种减速控制功能可以减轻减速时由超速档降至三档而带来的振动。

12）发动机转矩控制。当 ECU 根据各输入传感器提供的信号，判定需进行升档或降档变换时，先发出一个控制信号通知发动机暂时延迟点火正时，以控制发动机所输出的转矩，使换档平稳过渡。

13）自诊断功能。当与排放控制有关的传感器或执行器检测到异常情况时，发动机故障警告灯点亮以此通知驾驶员。当传感器或执行器检测到异常情况时，相当于此异常情况的故障码就会输出。

（2）发动机电子控制单元的特点

1）适应 ECU 的具体工作环境，采用可靠性设计。
2）电路采用模块化设计方法。
3）采用低功耗高性能的元器件、简化电路、降低功耗、提高控制精度。
4）采用车上的低压蓄电池供电，选用开关控制电源。
5）系统具有较好的抗振和抗电磁干扰能力，能在各种环境温度下可靠工作。
6）ECU 硬件系统安装调试方便，质量轻。
7）采用标准化开放式设计方法，便于系统的扩展、移植和修改。
8）在软件设计中，采用层状结构体系和模块化技术便于修改和扩展。

2. 电子控制单元的结构组成

ECU 主要由输入回路及 A/D 转换器、微处理器（包括 CPU、存储器、I/O 接口）和输出回路等组成。图 4-2-2 所示为 ECU 的基本组成示意图，图 4-2-3 所示为 ECU 的内部电路实物图。

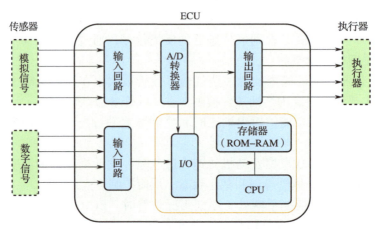

图 4-2-2 ECU 的基本组成示意图

图 4-2-3　ECU 的内部电路实物图

（1）输入回路及 A-D 转换器

如图 4-2-4 所示，输入回路又称为输入接口或输入电路，具备 A-D（模拟 – 数字）转换器功能。由于微处理器只能识别数字信号（脉冲方波），但传感器输送给 ECU 有模拟信号和数字信号两种信号，对于不同的输入信号，输入回路的作用也各不相同。

信号电压（或电流）随时间变化而连续变化的信号称为模拟信号，如冷却液温度传感器信号。由于微处理器无法识别模拟信号，所以需要先滤除杂波再通过 A-D（模拟 – 数字）转换器将连续变化的模拟量转换成数字量之后才能输入微处理器。

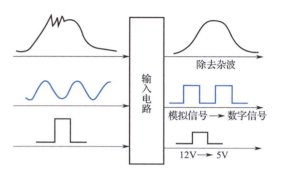

图 4-2-4　输入回路的作用

信号电压（或电流）随时间变化而不是连续变化的信号称为数字信号，如霍尔式传感器（曲轴 / 凸轮轴位置、车速或轮速等），其信号为脉冲（方波）信号，需要通过输入回路的数字缓冲器进行限幅、整形和分频（如将曲轴位置传感器信号分频为 1° 信号等）处理后，才能传输到微处理器进行运算处理。

（2）微处理器

微处理器在各种存储器的支持下，统一控制各组成部分，对输入信号进行运算处理并输出控制信号。微处理器主要由中央处理器（CPU）、数据存储器（RAM/ROM）和输入输出（I/O）接口等组成。

1）中央处理器。中央处理器（Central Processing Unit，CPU）是整个控制系统的核心，所有的数据都要在 CPU 内进行运算。CPU 主要由进行算术运算、逻辑运算的运算器、暂时存储数据的寄存器、按照程序执行各装置之间信号传送及控制任务的控制器等组成。当接收到各传感器的信号后，CPU 根据预先设计的程序进行算术运算和逻辑运算后发出控制指令，并控制燃油喷射、点火、怠速以及排放等系统。

图 4-2-5 所示为中央处理器（CPU）的外形实物图。

图 4-2-5　中央处理器（CPU）的外形实物图

2）数据存储器。数据存储器是一种保存数据的装置，分为只读存储器和随机存储器。只读存储器（ROM）只能对已存入的信息进行读取，随机存储器（RAM）可随时存取任何信息。随着计算机技术的发展，又相继开发了 PROM、EPROM 和 EEPROM 等几种新型可编程只读存储器。

①只读存储器。只读存储器（ROM）用来存储固定数据，即存放各种永久性的程序和永久性、半永久性的数据。如控制电子系统工作的程序和与各种运行工况相关的理论空燃比和点火提前角等标准信息，这些信息资料一般都是在制造时由厂家一次性存入，运用中无法改变其内容，即 ECU 工作时，新的数据不能存入，需要时能读出存入的原始数据资料。当电源切断时，存入 ROM 的信息不会丢失，通电后又可以立即使用。

②随机存储器。随机存储器（RAM）主要用来存储 ECU 工作时的可变数据，如用来存储 ECU 输入、输出数据和计算过程中产生的中间数据等，根据需要，存储的数据可随时调出或更新。RAM 在 ECU 中起暂时存储信息的作用，当电源切断时，所有存入 RAM 内的数据会完全丢失。

随机存储器可分为易失性存储器和非易失性存储器。当点火开关断开时，易失性存储器会擦除已存储在其内部的信息。非易失性存储器仍会保存已存储在其内部的信息。但是，当 ECU 的供电回路被切断时，非易失性存储器内存储的信息会被擦除。非易失性存储器常用来存储 ECU 的学习数据。如发动机运行过程中，为了长期保持存入 RAM 的某些数据，如故障码、空燃比学习修正值等，防止点火开关关闭时这些数据丢失，RAM 一般都通过专用的电源后备电路与蓄电池直接连接，使其不受点火开关的控制。但当专用电源后备电路断开或蓄电池上的电源线拆下时，存入 RAM 的数据也会丢失。

③可编程只读存储器。在一些 ECU 中都装有一种可插拔的可编程只读存储器（Programmable ROM，PROM），这种存储器可以和 ECU 分开进行维护。在 PROM 中存储有一些与车型有关的专用程序，如点火提前控制程序，这是为每种车型的特殊要求设计的。例如，点火提前控制程序会随变速器或后桥传动比的不同而变化。在一些 ECU 上还装有电子可擦除只读存储器（EEPROM）。生产厂商可以很容易地向这类存储器芯片内重新写入程序。此类芯片一般不能与 ECU 分开进行维护。

图 4-2-6 所示为各种类型的存储器。

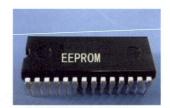

图 4-2-6　各种类型的存储器

3)输入输出（I/O）接口。

输入输出（I/O）接口是CPU与传感器或执行器之间进行数据交换和下达控制指令的通道。由于传感器和执行器种类繁多，它们的信号速度、频率、电平、功率和工作时序等都不可能与CPU完全匹配，所以必须根据CPU的指令，通过I/O接口进行协调和控制。

总线（BUS）是ECU内部传递信息的连线电路。在ECU内部，CPU、ROM、RAM与I/O接口之间的信息交换都是通过总线来实现的。总线技术是提高ECU运算速度的关键技术。为了满足汽车上各种ECU之间实现快速通信的要求，目前大多数中高档汽车都已采用控制器局域网络通信总线（即CAN总线）技术。

（3）输出回路

输出回路是微处理器与执行器之间的中继站，其功用是根据微处理器发出的指令，控制执行器动作。微处理器对采样信号进行分析、比较、运算后，由预定的程序形成控制指令并通过输出端子输出。由于微处理器只能输出微弱的电信号（如喷油脉冲、点火信号等），不能直接驱动执行元件，所以必须通过输出回路对控制指令进行功率放大、译码或D-A（数-模）转换，变成可以驱动各种执行元件的强电信号。

3. 电子控制单元的工作过程

点火开关置于ON或发动机起动时，ECU进入工作状态，某些运行程序或操作指令从存储器（ROM）中调入中央处理器（CPU）。这些程序可以控制燃油喷射、点火时刻、怠速转速等。在CPU的控制下，一个个指令按照预先编制的程序有条不紊地进行循环。在程序运行过程中所需要的发动机工况信息由各种传感器提供。

如图4-2-7所示，当传感器检测的数字信号（如曲轴位置传感器检测的发动机转速与转角信号）和模拟信号（如进气歧管绝对压力传感器检测的负荷信号、冷却液温度传感器检测的温度信号）等输入ECU后，首先通过输入回路进行信号处理。如果是数字信号，就经数字输入缓冲器和I/O接口电路直接进入CPU。如果是模拟信号，则首先经过A-D（模-数）转换器转换成数字信号，以便数字式单片机处理，然后才能经I/O接口电路输入CPU。大多数信息暂时存储在RAM中，根据控制指令再从RAM传送到CPU。

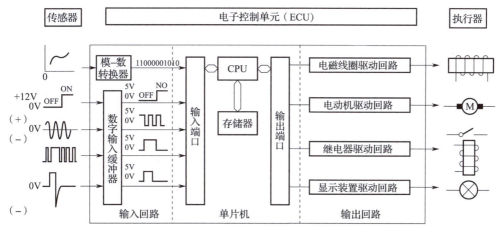

图4-2-7 ECU的工作过程框图

CPU将预先存储在ROM中的最佳试验数据引入CPU，将传感器输入的信息与其进行比较。CPU将来自传感器的各种信息依次取样，与最佳试验数据进行逻辑运算，通过比较作出判定结果并发出指令信号，经 I/O 接口电路、输出回路控制执行器动作。如果是喷油器驱动信号，就控制喷油开始时刻、喷油持续时间，完成控制喷油功能；如果是点火器驱动信号，就控制点火导通角和点火时刻，完成控制点火功能。如果执行器需要线性电流量驱动，单片机就通过控制占空比来控制输出回路导通与截止，使流过执行器电磁线圈的平均电流线性增大或减小。

4. 发动机电子控制单元常见的故障与排除方法

（1）发动机电子控制单元检测注意事项

1）拆装 ECU 前需要断开蓄电池电源。
2）ECU 插接器的金属针脚不能用手接触。
3）严禁使用试灯泡测量 ECU 及控制电路，只能使用数字万用表检测 ECU。
4）检测 ECU 前需要进行人体释放静电工作或保持人体搭铁良好。
5）严禁使用短接法或划火法测试 ECU 及电控系统。
6）蓄电池正、负极千万不可接反，否则易烧毁 ECU。
7）插拔 ECU 插接器前，关闭点火开关。
8）安装 ECU 要牢固，金属外壳要搭铁良好。
9）ECU 断电（蓄电池断开，熔丝断开，插接器断开），其存储的信息可能丢失。
10）车身进行焊接工作（电焊或氧焊）时，先断开蓄电池，否则易烧毁 ECU。

（2）发动机电子控制单元检测程序

1）利用诊断仪器读取 ECU 故障记录，如不能与 ECU 通信，进行下一步。
2）检查 ECU 连接线路是否完好，重点检查 ECU 电源供给（来自主继电器或蓄电池直接供给）、搭铁线路是否正常。
3）检查外部传感器工作是否正常，输出信号是否可信，其线路是否完好。
4）检查执行器工作是否正常，其线路是否完好。
5）最后更换 ECU 进行试验。

（3）发动机电子控制单元故障现象和原因

1）故障现象 1：仪表发动机故障警告灯长亮。

原因：故障备用系统在 ECU 的 CPU 电路故障时即会自动进入备用系统。如 ECU 检测出 CPU 故障时，仪表板上的发动机故障警告灯点亮以警告驾驶员，同时备用系统发生作用，取代故障元件或系统。

图 4-2-8 所示为发动机故障警告灯。

图 4-2-8　发动机故障警告灯

2）故障现象 2：仪表故障警告灯不亮。

原因：组合仪表发动机故障警告灯由 ECU 搭铁（接地）控制，检测 ECU 故障警告灯控制端子针脚搭铁正常，则为组合仪表故障，若 ECU 针脚不搭铁，则说明 ECU 内部故障，需更换 ECU，如 ECU 针脚至组合仪表针脚不导通，则两者之间的线路断路，须检修线路。

3）故障现象 3：防盗系统触发后，发动机不能起动或起动 2s 左右立即熄火。

原因：使用错误的点火钥匙或其他原因导致防盗触发。

▶ 提示：发动机 ECU 存储有防盗信息，当 ECU 无法接收防盗系统的密码信息，则 ECU 启动防盗锁止程序，ECU 将不控制点火及燃油系统的工作。防盗锁止的现象：

①组合仪表防盗指示灯点亮或闪烁。

②发动机控制系统存储防盗锁止故障码。

③发动机不能起动或起动即熄火等症状。

防盗锁止可尝试更换新车钥匙起动，或使用诊断仪进行防盗匹配，解除防盗模式，不能解除防盗状态，则需要更换新 ECU，更换新 ECU 需要进行防盗匹配编程，ECU 才能正常工作。

图 4-2-9 所示为防盗指示灯。

图 4-2-9 防盗指示灯

4）故障现象 4：ECU 控制程序错误。发动机不能起动或工作不良。

原因：ECU 未编程/编码、编程/编码错误或程序出错。应采用制造厂专用仪器对 ECU 重新编程/编码。

➤ **提示：** 有些发动机工作过程中，起动性能不好，或发动机运行不稳定，控制系统无故障，一般是由于 ECU 的软件程序出现错误，需要对 ECU 进行编程或重新刷新软件程序。而进行清洗节气门或断电等操作后，发动机工作不稳定，也是 ECU 程序错误，需要进行 ECU 的初始化设置或自适应匹配，以恢复 ECU 的工作性能。

5）故障现象 5：信号输入回路故障。自我诊断系统记忆某个传感器的故障码，但检查发现该传感器元件、电路及外部可能影响因素都正常；或虽然没有故障码，但不接收该传感器信号。

原因：ECU 内部信号输入回路故障。应更换新的 ECU。

➤ **提示：** 如果读取到故障码，但故障码无法清除，则说明故障码所代表的元件及电路故障未排除，需要检测相关线路及更换相关电气元件，有些故障码不是相关元件故障产生的故障码，而是相关元件检测到相应的机械故障，ECU 保护性切断元件工作，从而报警，这样的故障需要排除相关的机械故障。如失火故障码，有的是发动机机械故障，造成点火关闭，产生点火故障码，需要排除发动机机械故障，才能清除故障码。

6）故障现象 6：信号输出回路故障。自我诊断系统记忆某个执行器的故障码，但检查发现该执行器元件、电路及外部可能影响因素都正常；或虽然没有故障码，但在相关信号正常的情况下，不控制该执行器动作。

原因：ECU 内部信号输出回路故障，通常 ECU 内部驱动器损坏，使驱动执行机构不工作。应更换新的 ECU。

7）故障现象 7：不能和外部的诊断仪器通信。故障诊断接口（诊断座）通信电路正常，但 ECU 无法与外部诊断仪器通信（此时 ECU 其他控制功能可能正常，也可能不正常）。

原因：ECU 内部微处理器或其他电路故障。在确认诊断仪器、操作程序、ECU 包含诊断接口电路正常的情况下，更换新的 ECU。

➤ **提示：** 诊断仪无法进入发动机 ECU 诊断，可能是诊断通信线路由故障。检测方法如下。

①测量诊断座 7 号、或 6 号、14 号端子针脚是否有电压，无电压则说明有故障。

②测量诊断座 7 号、或 6 号、14 号端子与 ECU 针脚之间是否导通，不导通，则说明线路断路故障。

③诊断信号线导通，但无电压信号，则说明 ECU 有故障，更换 ECU 总成。

8）故障现象 8：外部原因导致 ECU 故障，ECU 不工作或工作不良。

原因：碰撞、温度过高、发电机调节器故障导致输出电压过高/过低、搭铁不良、线路接触等外部原因，连带 ECU 损坏或进入保护模式。排除外部因素，必要时更换新的 ECU。

二 基本技能

1. 诊断仪器不能与发动机电子控制单元通信故障分析

▶ **提示**：各种诊断仪器的使用方法大同小异，请根据仪器提示操作，或仔细阅读使用说明书。

（1）诊断仪器与发动机电子控制单元通信成功的状态

连接诊断仪器传输线到诊断座，点火开关置于 ON，根据仪器操作提示，进入发动机系统的"功能选择"。如果能进入"功能选择"，或显示电子控制单元（ECU）版本信息（图 4-2-10），则表明诊断仪器与 ECU 通信成功。

图 4-2-10　诊断仪器连接成功显示

（2）诊断仪器与发动机电子控制单元通信不成功的状态和原因

如果诊断仪器不能进入"功能选择"，或显示"无法通信""连接失败"，或一直处于"正在连接"的状态，即诊断仪器无法与 ECU 通信，可能原因如下。

1）仪器故障，原因包括仪器主机、软件程序、连接线、诊断接头故障或错误。

2）操作不当：操作错误（选择错误的车型/系统）。

3）车辆的诊断系统不良：车辆 OBD 诊断座及线路故障、ECU 软硬件故障或电路故障（含电源搭铁）。

（3）诊断仪器与发动机电子控制单元无法通信的故障排除方法

1）利用同类的诊断仪器进行检测，如果能够通信，则排除仪器故障和操作不当的原因。

2）如果诊断仪器还是无法与 ECU 通信，那么可以判断 ECU 及其电源、搭铁，或者通信线路故障。

2. 发动机电子控制单元电源、搭铁及通信线路检测

下面以一汽-大众迈腾 B7 为例，介绍发动机电子控制单元电源、搭铁及通信线路检测方法。

（1）发动机电子控制单元电源及搭铁检测

根据电路图和控制单元端子（针脚）含义，测量控制单元电源和搭铁线路是否正常。图 4-2-11 所示为迈腾 B7 发动机电子控制单元 J623 电源、搭铁相关的电路图，其中发动机电子

控制单元 J623 的 T94/5、T94/6 端子是来自熔丝座（SB）SB14 号 25A 熔丝的电源（蓄电池电压），T94/1、T94/2 端子是连接车身搭铁线。电源及搭铁检测方法如下。

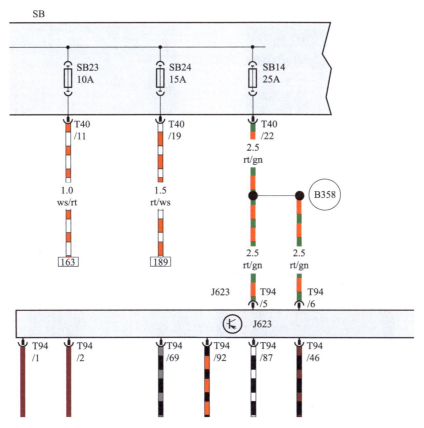

图 4-2-11　一汽 - 大众迈腾 B7 发动机电子控制单元 J623 电源、搭铁相关电路图
SB—熔丝座 B　SB23、SB24、SB14—熔丝编号　J623—发动机电子控制单元　B358—线束连接位置编号
T40—熔丝座 B 的 40 心插接器　T94—发动机电子控制单元 94 心插接器

1）采用万用表直流电压档，检测控制单元对应电源端子（针脚）是否有 12V 蓄电池电源电压（点火开关 IG 电源应将点火开关置于 ON 位置）。如果没有电源电压，则检查相关的熔丝及线路。

2）采用万用表电阻档，检测控制单元对应的搭铁端子（针脚）是否与车身导通。如果不导通，则检查相关的线路。

（2）OBD 诊断座检测

诊断仪器通过 OBD 诊断座与车辆的电子控制单元通信，因此必须确定诊断座的端子及线路正常。

1）诊断座电源检测。如图 4-2-12 所示，利用万用表直流电压档检测诊断座 16 号端子的电压，应为蓄电池电压（常电），表示电源正常。如果不正常，则说明线路断路或短路。

2）诊断座搭铁检测。如图 4-2-13 所示，利用万用表直流电压档检测诊断座 4 号和 5 号端子的电压，应为"0V"，表示搭铁良好。

图 4-2-12　检测诊断座 16 号端子（常电源）

➤ **提示：** 也可以利用万用表电阻档检测 4 号和 5 号端子与车身搭铁是否导通（电阻值为 0）。

3）K 线检测。如图 4-2-14 所示，利用万用表直流电压档检测诊断座 7 号端子（K 线，发动机 ECU 与仪器数据传输线，部分车型已经不再采用 K 线传输信号），应有电压信号，表示线路正常。

图 4-2-13　检测诊断座 4 号和 5 号端子（搭铁）　　图 4-2-14　检测诊断座 7 号端子（K 线）

4）CAN 通信线 H、L 检测。如图 4-2-15 所示，利用万用表直流电压档检测诊断座 6 号端子（CAN 系统的 H 线）和 14 号端子（CAN 系统的 L 线），应有电压信号，表示线路正常。

图 4-2-15　检测诊断座 6 号（H 线）和 14 号（L 线）端子

5）发动机电子控制单元内部 CAN 系统的终端电阻检测。如图 4-2-16 所示，关闭点火开关，采用万用表电阻档检测诊断座 6 号端子和 14 号端子之间的电阻，应有 60Ω 左右的电阻值，表示 CAN 系统终端电阻正常。如果不正常，则应更换控制单元。

▶ 提示：CAN 系统终端电阻的电阻值通常为 120Ω，但这种检测方式实际上是测量发动机电子控制单元与另一个控制单元两个终端电阻的并联值，因此测量值为二分之一，即 60Ω 左右。

图 4-2-16　检测控制单元 CAN 系统终端电阻

（3）发动机电子控制单元故障判断

1）通过以上的检测，如果检测结果异常，则检修相关的线路。

2）如果检测结果正常，但诊断仪器还是无法与控制单元通信，则说明电子控制单元不良，应予以更换。

任务三　电控发动机典型故障码诊断与排除

➡ 情境导入

情境描述

一辆一汽-大众迈腾 B7 轿车，装备 CEA 汽油电控发动机，发动机故障警告灯异常点亮。你的主管把这个检修任务分配给你，你能完成吗？

情境提示

发动机故障警告灯异常点亮，说明发动机电控系统检测到故障后报警了。维修之前，需要利用故障诊断仪器对汽车的自诊断系统进行故障检测，读取故障码，必要时分析数据流，为故障排除提供依据。

本情境中，发动机电子控制单元记忆了故障码，读取后查询故障码的含义，并分析故障码设定条件，再进行相关系统或元件检修。

➡ 学习目标

知识目标

1）能描述故障码的类型。
2）能描述发动机典型故障码的故障原因分析与排除方法。

技能目标

1）能进行发动机"缺火"故障码诊断与排除。
2）能进行发动机"混合气不良"故障码诊断与排除。

一　基本知识

1. 故障码的类型

电子控制单元（ECU）记忆的故障码有以下两种类型。

（1）稳态故障

稳态故障俗称"硬故障"，即故障码无法清除，或清除后立即出现。这类故障码通常是电子元件损坏、线路断路/短路及其他持续的故障造成的。

（2）偶发故障

偶发故障俗称"软故障"，即故障码可以立即清除，但车辆经过一段时间的运行后，故障可能再次出现。这类故障通常是线路插接器接触不良以及电子元件间歇性故障。这种类型的故障很难查找，通常要等到故障出现时根据故障现象检修。

2. 发动机典型故障码故障原因分析与排除方法

由于汽油品质低劣等原因，发动机故障警告灯亮，读取到的大部分故障码都与"缺火"或"混合气不良"相关，以下就这两种类型的故障码进行分析。

（1）"缺火"故障码

1）故障码含义。"缺火"（Misfire）也翻译成"失火"或"间歇性熄火"，故障码包括：P0301：第1缸缺火；P0302：第2缸缺火；P0303：第3缸缺火；P0304：第4缸缺火；以此类推，如果是12缸发动机，会存在P0312。

P0300：发动机缺火（OBD系统无法判断具体是哪一缸或多缸同时缺火）。

2）故障码设定条件。"缺火"的"火"并非指点火系统火花塞的"火"，而是指气缸内混合气燃烧的"火"，也就是气缸内混合气燃烧不良，造成气缸工作不良。

电控发动机的气缸"缺火"后，由于燃烧不好，高浓度的碳氢化合物进入排气系统，造成排放废气浓度增加，引起三元催化净化器温度升高，损坏三元催化净化器，为防止废气浓度过高及三元催化净化器温度过高损坏，发动机电子控制单元将时刻监控"缺火"的发生。

发动机电子控制单元通过对曲轴位置传感器（CKP）监控曲轴转速的变化来诊断缺火，和凸轮轴位置传感器（CMP）判别缺火的气缸。

例如：当第2个气缸缺火发生时，曲轴速度会因失去动力而减速，控制单元计算1次"缺火"。当"缺火"的次数达到记忆故障码的条件时，控制单元就会记忆P0302的故障码，并点亮故障警告灯。如果"缺火"的气缸很多，或者因为凸轮轴位置传感器故障而不能确定哪个气缸"缺火"，控制单元则记忆P0300的故障码。图4-3-1所示为OBD系统发动机"缺火"监控示意图。

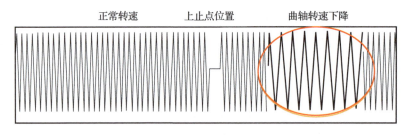

图4-3-1　OBD系统发动机"缺火"监控示意图

3）故障原因。发动机"缺火"的原因很多，发动机机械、点火控制系统、燃油供给系统、进气控制系统、排放控制系统，以及包括电子控制单元在内的电子控制系统都有可能导致发动机"缺火"。

①发动机机械：发动机气缸压力低，导致对应气缸工作不良。

②点火控制系统：火花塞、高压线、点火线圈、点火控制（控制单元）等原因造成对应气缸不点火或火花弱。

③燃油供给系统：燃油压力低（通常导致多缸缺火），喷油器不工作或工作不良。

④进气控制系统：进气管道堵塞、泄漏（通常导致多缸缺火）。

⑤排放控制系统：尾气排放控制系统工作不良，排气管（三元催化净化器）堵塞（通常导致多缸缺火）。

⑥电子控制系统：传感器（如空气流量传感器等）及控制单元不良，或发动机电子控制单元监控太"苛刻"（通常导致多缸缺火）。

▶提示：发动机电子控制单元监控太"苛刻"，是指汽车制造厂家为了符合严格排放法规的要求，发动机电子控制单元的OBD系统对排放系统的监控非常苛刻，曲轴转速变化轻微即判断为"缺火"。这种情况会导致发动机工作基本正常（可接受范围内的抖动），但故障警告灯点亮。如果要解决这种问题，需要利用厂家指定设备或程序对控制单元重新编程。

4）故障码诊断与排除流程。

发动机"缺火"包括单缸、双缸、单侧、多缸"缺火"几种可能性。

①单缸"缺火"。

对应气缸的机械部分：测量气缸压力，将"缺火"对应气缸的缸压与其他气缸比较，即可判断是否是机械故障。如果是机械故障，则维修，如果机械正常则检测其他系统。

对应气缸的点火控制系统：检测"缺火"对应气缸的火花塞、高压线、点火线圈、点火控制是否正常，可以与其他气缸的同样部件比较。

对应气缸的燃油供给系统：检测"缺火"对应气缸的喷油器、喷油器控制是否正常，可以与其他气缸的同样部件比较。

②双缸"缺火"。

如果"缺火"对应的两个气缸之间有关联，例如"P0301和P0304"采用同一组点火线圈的"双点火"系统，则该组点火线圈的故障可能性很大。如果没有关联，则根据单缸"缺火"步骤检修。

③单侧"缺火"。

仅对与"V型"发动机某一侧的气缸都发生"缺火"，着重检查这一侧几个气缸之间的关联，如气缸盖、单侧的进/排气及氧传感器等。

④多缸"缺火"。

如果控制单元记忆故障码P0300，则表示发动机发生多次随机失火，故障原因较复杂，其诊断与排除流程见表4-3-1。

表4-3-1 故障码P0300诊断与排除流程

步骤	诊断内容	检测结果	结论	排除方法
1	连接诊断仪，读取故障码，确定是否还有P0300以外的其他发动机故障码	有	发动机存在多重故障	先清除或排除其他故障码
		没有	转下一步	
2	起动发动机，读取数据流，冻结帧数据，取得缺火转速、缺火气缸、缺火负荷数据	故障数据流信息不明确	偶发故障	反复试验，清除故障码
		故障数据流信息明确	转下一步	
3	关闭发动机，拆卸检查所有气缸及明确缺火气缸点火线圈与火花塞跳火是否良好	不良	点火系统不良	更换火花塞及不良点火线圈
		良好	转下一步	
4	测量所有气缸的气缸压力，及明确缺火气缸压力是否符合标准	缸压不正常	气缸机械故障	排除气缸压力异常故障
		缸压正常	转下一步	
5	安装所拆卸的点火系统部件，连接燃油压力表，测试燃油压力是否正常	异常	供给系统故障	更换燃油泵及燃油滤清器
		正常	转下一步	
6	拆卸喷油器，喷油器检测仪上检测所有气缸及明确缺火气缸喷油器喷油量是否正常	不良	喷油系统故障	清洗或更换喷油器
		良好	转下一步	

（续）

步骤	诊断内容	检测结果	结论	排除方法
7	检查进气系统，及明确缺火气缸积炭是否严重	不正常	进气及气门系统故障	维修进气道清洗气门积炭
		正常	转下一步	
8	检查正时机构，确定正时记号是否正确	正时错误	正时机构故障	重新对正时或更换正时传动带
		正时正确	转下一步	
9	检查燃油箱燃油是否是标准燃油	燃油质量差	燃油品质故障	更换燃油
		燃油良好	转下一步	
10	恢复车辆拆卸部件，起动发动机，清除发动机系统故障码，重新读取，是否仍然存储故障码 P0300	故障码消失	故障排除	

（2）"混合气不良"故障码

1）故障码含义。发动机电子控制单元的 OBD 系统判断"混合气不良"或称"燃油修正"的故障码包括：

P0170 燃油修正错误；P0171 混合气过稀；P0172 混合气过浓；其他氧传感器或空燃比传感器（指氧化钛型的氧传感器）相关的故障码。

2）故障码设定条件。电控发动机工作时，发动机电子控制单元根据氧传感器的信号对混合气进行修正（调整），以降低排放及提高燃油经济性。但是如果混合气太浓或太稀，超出控制单元的修正范围，则控制单元将记忆故障码并点亮故障警告灯。燃油修正相关的数据流如图 4-3-2 所示。燃油修正包括短期燃油修正和长期燃油修正，是 OBD 系统数据流中的一个重要参数，用于实时监测发动机的工作情况。

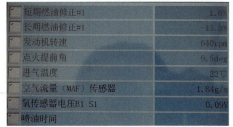

图 4-3-2　燃油修正数据流

如果混合气的配比偏离理论空燃比时，例如因某种因素导致混合气突然变稀（假设燃油泵瞬间发卡而供油压力变低），发动机电子控制单元先启动短期燃油修正，增加喷油器的喷油时间（ms）进行修正。如果这个导致混合气稀的因素消失，控制单元不再修正，恢复之前的喷油时间，这个修正过程是短暂的，称为"短期燃油修正"。如果这个导致混合气变稀的因素一直存在（假设燃油泵磨损而供油压力长期变低），则电子控制单元启动长期燃油修正，以修正后的喷油时间持续控制喷油，这个修正过程是长期的，称为"长期燃油修正"。如果电子控制单元电源中断，则长期燃油修正的数据可能丢失，电子控制单元必须重新进行燃油修正，在这过程中发动机可能工作不正常，这也就是通常所说的电子控制单元"自学习"。

燃油修正的数据为"+"（仪器通常不显示"+"号），表示电子控制单元增加喷油时间；反之，燃油修正的数据为"-"，表示电子控制单元减少喷油时间。燃油修正值的幅度根据车型和排放法规要求的不同也不同，对大部分车型来说，短期燃油修正值为 -10%~10%。长期燃油修正值大部分车型为 –20% ~ 20%。例如：20% 表示混合气太稀，增加 20% 的喷油时间；–20% 表示混合气太浓，减少 20% 的喷油时间。在 –20%~20% 内的燃油修正，电子控制单元认为是正常的修正，一旦超出这个范围，电子控制单元就会记忆故障码，并点亮故障警告灯。

3) 故障原因。混合气不良或燃油修正相关的故障码，基本上与燃油供给系统及进气控制系统相关。如果电子控制单元记忆这些故障码，应检查燃油供给和进气控制系统。另外，如果氧传感器故障，给电子控制单元错误的信号，那么也可能导致电子控制单元错误判断，从而记忆混合气不良相关的故障码。

4) 故障码诊断与排除流程。电控发动机的燃油修正和反馈补偿有关，与基本喷油时间无关，燃油修正包括短期燃油修正和长期燃油修正，短期燃油修正是用来将空燃比持续保持在理论空燃比范围内的燃油补偿，来自氧传感器的信号根据理论空燃比来指导实际空燃比是过浓还是过稀，如果过浓，则喷油量减少，过稀则喷油量增加。

由于发动机个体差异，随着时间磨损和操作环境变化等因素，会引起短期燃油修正值出现偏差，长期燃油修正用来控制整体燃油补偿，能补偿短期燃油修正的偏差，如果短期燃油修正与长期燃油修正都过浓或过稀于设定值，则 ECU 设定故障码，故障警告灯点亮。

下面以故障码 P0171（混合气过稀）为例，介绍"混合气不良"相关的故障码诊断与排除流程。

故障码 P0171 的诊断与排除流程见表 4-3-2。

表 4-3-2 故障码 P0171 的诊断与排除流程

步骤	诊断内容	检测结果	结论	排除方法
1	连接诊断仪，读取故障码，确定是否还有 P0171 以外的其他发动机故障码	有	发动机系统多重故障	先清除或排除其他故障码
		没有	转下一步	
2	起动发动机，进行元件动作测试，改变喷油量，读取数据流，观察氧传感器电压数据是否变化	无变化	氧传感器故障	更换氧传感器
		有变化	转下一步	
3	发动机怠速运转，读取数据流，显示怠速喷油脉宽是否过低	过低	燃油喷射系统故障	清洗喷油器
		正常	转下一步	
4	读取数据流，显示怠速进气量是否过高	过高	空气流量传感器故障	更换空气流量传感器
		正常	转下一步	
5	检查进气道系统是否堵塞不通	脏污	进气系统故障	更换空滤，清洁进气道
		正常	转下一步	
6	读取数据流，显示冷却液温度信号是否过高	过高	冷却液温度传感器故障	更换冷却液温度传感器
		正常	转下一步	
7	检查曲轴箱通风系统是否正常	堵塞	曲轴箱通风系统故障	更换 PCV 阀
		通风正常	转下一步	
8	检查发动机进气真空系统是否漏气	真空泄漏	真空管系统故障	更换检修真空管
		正常	转下一步	

（续）

步骤	诊断内容	检测结果	结论	排除方法
9	诊断仪清除故障码，重新读取故障码，是否清除	不能清除	ECU 故障	更换 ECU
		清除	转下一步	
10	恢复车辆拆卸的部件，试车，测试故障警告灯是否继续点亮	不良	故障排除	

二 基本技能

1. 发动机"缺火"故障码诊断与排除

下面以一汽-大众迈腾 B7 的 CEA 发动机电子控制单元记忆"缺火"故障码为例，介绍"缺火"故障码的故障诊断与排除方法。

（1）故障码读取

1）如图 4-3-3 所示，确认发动机起动并怠速运转后，故障警告灯点亮。

2）如图 4-3-4 所示，连接诊断仪器并开机，根据仪器提示，进入发动机系统的"功能选择"。

图 4-3-3　发动机运转时故障警告灯点亮

图 4-3-4　发动机系统的"功能选择"

3）选择"读取当前码"，仪器显示故障码的代号及内容，记录故障码内容。

4）选择"读取数据流"，特别需要读取"缺火"监控的数据流。如图 4-3-5 所示，数据流中的"气缸 #1 失火率"，表示控制单元监控到对应气缸"缺火"的次数，如果有"缺火"发生，数据不为"0"，而是显示"缺火"发生的次数。

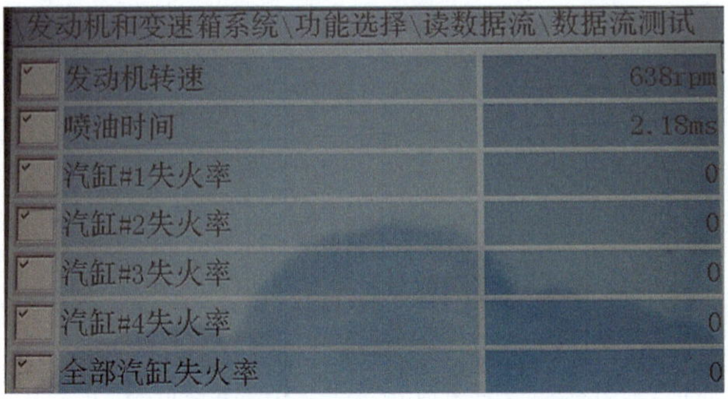

图 4-3-5　"缺火"的数据流

（2）单缸"缺火"故障码的诊断

如果读取到的故障码只有1个，并且是单缸"缺火"的故障码，例如"P0302"，则其诊断与排除方法如下。

1）排除机械系统的原因：检查气缸压力，如果2缸的压力异常，则说明故障出现在机械方面。必须对相应气缸的气门、活塞环等影响气缸压力的因素进行检修。

2）排除点火控制系统的原因：检查火花塞、点火线圈（含点火模块）及控制信号。

对于采用独立点火系统的发动机，可以将2缸的点火线圈和其他缸例如1缸对调，如果故障码变成P0301，则说明原2缸的点火线圈故障。点火控制信号也可以采用检测数据对比的方法判断是否正常。

3）排除燃油供给系统的原因：检测喷油器，特别注意2缸喷油器是否工作，以及工作是否异常（堵塞、泄漏等）。

➤ **提示**：因为仅是1个缸"缺火"，所以其他如燃油压力、排放、传感器及控制系统出现故障的可能性很小（影响的是全部气缸）。

（3）2个缸"缺火"故障码的诊断

如果两个气缸之间有关联的部件，则应先检查该部件；如果没有关联的部件，则参照单缸"缺火"的方法检查。

（4）单侧"缺火"故障码的诊断与排除

仅对于"V型"发动机（直列4缸发动机，不存在这类情况）。如果"缺火"的故障码集中在同一侧的气缸，如同时出现P0301、P0303、P0305的故障码，则重点检查对应一侧的机械装配（如是否维修过气缸盖）、进气管道、排气管道和氧传感器等。

（5）多缸"缺火"故障码的诊断

如果读到的故障码是P0300（多缸"缺火"），或者除了P0300外还有其他气缸的故障码，则可以判断故障不是出现在某个缸，而是整体性的故障，必须对发动机进行全面检查。

1）排除机械系统的原因：检查气缸压力，如果气缸压力异常，则说明故障出现在机械方面。必须对气门、活塞环等影响气缸压力的因素进行检修。

2）排除点火控制系统的原因：检查火花塞和点火线圈（含点火模块）及控制信号。

特别注意火花塞的型号是否正确，以及火花塞电极状况。

3）排除燃油供给系统的原因：测量燃油压力，如果燃油压力过低，则检查燃油泵和控制线路；拆卸检查全部喷油器，检查喷油器的工作情况。

➤ **提示**：因为汽油品质较差的原因，燃油系统引起的"缺火"占实际维修的比例很大，所以必须对燃油系统进行全面的清洁。

4）排除进气控制系统的原因：检查空气滤清器和节气门体及进气管道，如果脏污，则必须对进气系统进行全面的清洁。

➤ **提示**：在空气污染严重的地区，进气管道堵塞也是造成发动机"缺火"的主要原因。

5）排除排放控制系统的原因：重点检查三元催化净化器是否堵塞。

6）排除传感器及电子控制系统的原因：使用诊断仪读取与混合气相关的传感器数据流，如空气流量传感器、节气门位置传感器、冷却液温度传感器、氧传感器等，如果有异常，则对相关传感器进行检修。

7）如果经过以上检修，故障警告灯还是点亮并记忆同样的故障码，则原因如下。

原因一：如果发动机有抖动或尾气排放不良等异常现象，则表示故障仍未排除，即如前所述检修步骤有遗漏，应重新进行检修。

原因二：如果发动机工作平稳，尾气排放也基本正常，仅是故障警告灯亮，这种原因称为"假故障"，或监控太"苛刻"，其实质是发动机电子控制单元"缺火"监控太严格，将发动机正常的转速波动视为"缺火"故障，必须对控制单元进行重新编程（即修正控制程序）。特别需要提醒的是，出现这种情况不要轻易下结论，应查找汽车制造厂家的相关资料，因为绝大部分的厂家会对这类故障发出技术通报，要求维修技师根据规定程序进行处理。

（6）故障排除后处理

故障排除后，需要清除故障码，选择诊断仪器的"清除故障码"功能，确认后显示"系统正常"。

2. 发动机"混合气不良"故障码诊断与排除

下面以一汽－大众迈腾 B7 的 CEA 发动机电子控制单元记忆"混合气不良"故障码为例，介绍"混合气不良"故障码的故障诊断与排除方法。

（1）故障码读取

参照诊断仪器故障码读取步骤，确认并记录故障码。

（2）数据流分析

利用诊断仪器读取数据流，对混合气相关的数据流进行分析。图 4-3-6 所示为"燃油修正"的数据流。

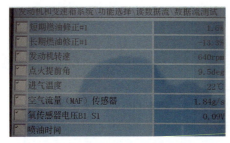

图 4-3-6　"燃油修正"的数据流

左图中，短期燃油修正的数据为 1.6%（#1 表示气缸排列为 1 缸侧，对于直列气缸无意义），说明控制单元接收到混合气稀的信号（氧传感器信号 0.09V），增加 1.6% 的喷油量。右图中，氧传感器信号提升到 0.72V，短期燃油修正结束（0.0%，－值表示有降低喷油量的趋势）。

左图和右图中，长期燃油修正的数据都为 -13.3%，表示电子控制单元认为混合气长期偏浓，降低 13.3% 的喷油量。

图 4-3-6 中的数据属于正常的燃油修正范围，电子控制单元不会记忆故障码。假设根据排放法规，长期燃油修正范围为 -20.00%~20.00%，如果电子控制单元修正值高于这个范围（即超出 20%），则记忆混合气过稀的故障码 P0171，即混合气过稀，电子控制单元增浓修正超出极限；如果电子控制单元修正值低于这个范围（即超出－20%），则记忆混合气过浓的故障码 P0172，即混合气过浓，电子控制单元降低浓度修正超出极限；如果发动机工作不稳定，

混合气有时过稀有时过浓，则电子控制单元记忆 P0170，即燃油修正错误。

（3）混合气过稀的故障码 P0171 故障诊断

1）排除燃油供给系统原因：燃油压力低、喷油器不工作或堵塞。

2）排除进气控制系统原因：进气系统泄漏。

3）排除传感器及控制系统原因：分析数据流与喷油量相关的传感器信号，如果发现异常，则进行检修。特别要注意氧传感器信号，如果氧传感器故障，提供错误信息，则电子控制单元无法正确修正混合气。

（4）混合气过浓的故障码 P0172 故障诊断

1）排除燃油供给系统原因：燃油压力高、喷油器泄漏。

2）排除进气控制系统原因：进气系统堵塞。

3）排除传感器及电子控制系统原因：分析数据流与喷油量相关的传感器信号，如果发现异常，则进行检修。特别要注意氧传感器信号，如果氧传感器故障，提供错误信息，则电子控制单元无法正确修正混合气。

（5）燃油修正错误的故障码 P0170 故障诊断

发动机工作不正常造成此故障，必须对发动机进行全面检查。

1）检查气缸压力，如果异常，则拆检发动机。

2）发动机全面保养：包括对燃油供给系统、进气系控制统、点火控制系统、排放控制系统进行清洁和检查。

3）排除传感器及电子控制系统原因：分析数据流与喷油量相关的传感器信号，如果发现异常，则进行检修。特别要注意氧传感器信号，如果氧传感器故障，提供错误信息，则电子控制单元无法正确修正混合气。

4）与"缺火"的故障相似，如果经过以上检修，故障警告灯还是点亮并记忆同样的故障码，则原因如下。

原因一：如果发动机有抖动或尾气排放不良等异常现象，则表示故障仍未排除，即如前所述检修步骤有遗漏，应重新进行检修。

原因二：如果发动机工作平稳，尾气排放也基本正常，仅是故障警告灯亮，是因为发动机电子控制单元为了满足苛刻的排放法规（特别是欧洲规格的车种），对"燃油修正"监控太严格，比如长期燃油修正范围限定在 –15%~15% 甚至更低的范围，则必须对电子控制单元进行重新编程（即修正控制程序）。特别需要提醒的是，出现这种情况不要轻易下结论，应查找汽车制造厂家的相关资料，这是因为绝大部分的厂家会对这类故障发出技术通报，要求4S店根据规定程序进行处理。

（6）故障排除后处理

故障排除后，需要清除故障码，选择"清除故障码"，确认后显示"系统正常"。